吉林通志

十一

［清］長順　訥欽　修
［清］李桂林　顧雲　纂

吉林通志卷九十三

人物志二十二　國朝七

圖爾什 子巴什泰　巴奇蘭

吉思哈 弟吉普喀達　吉普喀達子尼滿　族人穆虎　達爾布　祁充格

洪尼雅喀 弟薩穆唐阿　武拉禪 子回色

薩蘇喀 子苗齊納　鄂碩 諸父錫爾泰　錫爾泰子拉都　巴都　巴都子武靈阿　佟佳拜　費揚古

康果禮 子邁色　孫杭齊　弟昂武　昂武子馬克圖

喀克都哩　賚塔

哈哈納 子戴祿　裴洋古　孫噶篤渾　弟綽和諾

富喀禪　穆成額

瓦爾喀珠瑪喇　弟伊瑪喇

圖魯什姓伊爾根覺羅氏世居葉赫後隸滿洲鑲黄

旗性勇敢善戰前無堅陳往往怒馬獨進無介者數

摧大敵卒瀕於危亦以此

太宗特賜碩翁科洛巴圖魯號以旌異之云初任佐領天命

九年有屯牧蒙古逃去追獲之明年春

命率士卒至旅順口偵緝寇盜俘獲甚衆授參領天聰三年

從

太宗征明先馳至大安口城下覘虛實敵覺集衆來攻因以

戈同指大呼敵方瞠視遽以單騎馳入中堅敵驚而
靡竟擊敗之後軍繼至因克其城既由遵化趨燕京
明兵自薊州追襲伏兵邀之擊斬過當
太宗營燕京西南隅
命與副都統阿山覘敵兵多寡遇明督師袁崇煥軍獲之知
其總兵滿桂黑雲龍麻登雲孫祖壽以兵四萬列營
永定門之南還報且言於
太宗曰敵兵盛宜及其不虞乘夜襲擊
太宗從之夜三鼓秣馬蓐食八旗及蒙古兵空壘並進圖魯
什以所部先驅去大軍里許不復待直馳入敵營敵

眾大亂大軍乘之遂斬滿桂孫祖壽擒黑雲龍麻登
雲復往偵通州道遇明兵擊敗之多獲其馬歸報旋
以夜襲破北門外敵營又於永平擒斬叛將愛塔論
功授二等輕車都尉世職四年大軍攻永平降其城
隨貝勒濟爾哈朗等駐兵守之明將以兵潛至見行
塵起率兵四十往探叅領巴篤理等以兵繼之既擊
敗其副將張洪謨逐北十餘里巴篤理等乘勝進擊
敵伏突起仍與巴篤理殿後力戰敵乃遁其夏師還
尋奉
命往視明邊牆部兵五十八人爲三隊居後獨率四騎至城下

猝遇蒙古兵數十圍之兩牆間環而射揮戈突出顧
騎卒陷圍中一騎已中矢仆復揮戈突入援三騎挾
傷者以歸五年從征大淩河明援兵二千自松山至
偕都統阿山等擊敗之陳斬百餘人搴三纛以還至
太宗酌金卮賜之既攻錦州受
方略令軍中搖旗幟若明兵自遠來援者誘城中出戰大敗
其眾時明監軍道張春以援軍至我軍與戰三晝夜
殺傷略相當春引軍渡河獨以所部邀擊敗之是夕
太宗率兩翼騎兵襲春營八都統軍阻敵不能進獨率兩纛
越眾進戰明兵潰走獲張春復偕副都統勞薩偵軍

事錦州松山斬明兵執纛趨甯遠者十二人其冬追
察哈爾兵踰興安嶺獲道委駝馬鎧仗甚夥六年從
征察哈爾軍次博羅額吉卒精兵五百先進收蒙古
流散戶口二百餘人
太宗以察哈爾汗遁去
命旋師先是
太宗命參領顏布祿佐領董山移哈爾占所儲糧於烏蘭哈
達以愆期下廷臣議罪當死
命復勘且曰僕情有可矜則釋之僉言法無可宥圖魯什奏
云曩者

上嘗申諭臨陣退縮者斬然間亦蒙
恩寬釋今顏布祿蕫山以調遣失入致糧稽不至懲焉而貸
其命實惟
聖恩
太宗深嘉其議爲未滅之八年略地明錦州多所俘獲從征
察哈爾奉
命率兵察覈市易所失貨賄悉獲之至歸化城遇察哈爾諸
宰桑率千二百戸來歸挈朝
行在尋從征明毀邊牆入大同與侍衞扈什布等敗其總
兵祖大弼軍略地宣化攻懷遠設伏左衞城敗總兵

曹文詔軍大兵既營左衞城往偵宣府單騎先驅遇
祖大弼哨卒十五人擊之矢中其腹戰愈怒我軍至
擒二人餘悉殲焉被創危篤
太祖親臨視越二日卒是年積功擢前鋒統領晉男爵世襲
矣於是
賜碩翁科洛巴圖魯號
卹贈子爵沒而
賜號尤異數也子巴什泰襲
世祖追念開國勳臣各加謚號
特謚曰忠宣巴什泰既襲子爵任一等侍衞順治七年九年

三遇
恩詔晉一等伯忠勇有父風蒙古侍衞瑣尼有逆謀深忌焉
乃刺之死
詔晉侯爵以其子珠拉岱襲
巴奇蘭姓納喇氏世居伊巴丹河後隸滿洲鑲紅旗
太祖時率衆來歸數從征伐沙嶺之役率五佐領兵先衆敗
敵天命十一年從
太祖征明甯遠未下
命同都統武納格別率兵攻覺華島破之論功授輕車都尉
世職

賜金
太宗初元設十六大臣分理八旗事
命爲正黄旗大臣天聰三年從
太宗征明至燕京受
方略擊敗明總兵滿桂等軍於城下七年以步軍統領隨貝
勒岳託征明旅順口偕鑲白旗大臣薩穆什喀方舟
並進敵兵於崖上拒戰身中數創裹創冒矢石復進
獨身鏖戰久之敵少卻大聲令於衆曰孰先登者吾
暴其功於
上於是佐領雍舜珠瑪喇超距而登率衆繼之敵兵殊死戰

我少卻復大聲疾呼曰敵敗矣士卒踴躍爭奮推鋒
而前遂克旅順口論功晉男爵八年
太宗親統師征明
命副貝勒濟爾哈朗留守其冬
命與薩穆什喀分統左右翼兵征黑龍江諸部所以
詔之甚詳具薩穆什喀傳
賜食啟行九年凱旋
太宗御殿設宴
親酌金巵勞之分
賜俘獲所招降二千餘戶

命爲編籍論功晉爵一等明年以前戰旅順口創潰卒䘏贈子爵子拜山襲

吉思哈姓烏蘇氏世居瓦爾喀馮佳屯初屬烏喇部見其貝勒不足事與弟吉普喀達自拔越長白山來歸太祖並任爲佐領隸滿洲正白旗後改鑲白旗天命四年吉思哈從征明有功授輕車都尉世職六年以參領率兵圍遼陽雲梯甫立橫刀擁纛先登敵無能禦克之天聰八年太宗念其功晉世職二等旋同參領吳巴海征東海虎爾哈

部獲男婦千五百有奇牲畜輜重無算九年同步軍統領巴奇蘭等征黑龍江招降二千餘戶晉世職一等崇德元年

太宗親征朝鮮聞明兵入鹻場

命率兵躡擊之敗去二年大軍攻克朝鮮國都奉

命同理藩院參政尼堪等率每旗甲士十人及科爾沁敖漢奈曼札魯特烏拉特諸外藩兵征瓦爾喀將出朝鮮境有朝鮮兵二萬分列營壘合諸軍進擊並伏兵遮其去路陳斬平壤巡撫殲數千人獲馬三千餘衆遁走山嶺設柵拒守我軍圍之三日遂降進略瓦爾喀

以所獲牲畜等物分給外藩隨征將士遣各還所部

奏捷稱

旨累遷至吏部參政三年卒子吉瞻襲一等輕車都尉順治

七年九年數遇

恩詔晉二等男爵坐事仍降一等輕車都尉以弟之子華善

襲康熙三十五年大軍征噶爾丹從大將軍費揚古

趨西路有戰功兼一雲騎尉以病乞休弟吳廣襲職

累官至副都統吉普喀達既任佐領亦以天命四年

從征功授輕車都尉世職六年任參領從大軍攻明

奉集堡總兵李秉誠赴援遇我左翼四旗兵與戰敵

走吉普喀達越衆追擊直抵城濠中礮卒
卹贈世職二等子瓜爾察襲崇德三年卒次子尼滿襲七年
從圍明錦州其松山軍來奪我紅衣礮逆擊敗之順
治元年從入山海關破流賊李自成追敗之望都並
有功晉一等輕車都尉兼一雲騎尉七年九年屢遇
恩詔晉一等男爵十年坐事仍降爲輕車都尉十一年隨靖
南將軍珠瑪喇征廣東連戰皆勝論功晉世職二等
康熙十二年逆藩吳三桂叛隨順承郡王勒爾錦由
湖廣進討十四年調守西安明年移守商州擊賊峻
嶺川敗之克山陽縣城有

旨嘉奬累擢副都統尋卒而吉思哈族人曰穆虎曰達爾布
穆虎崇德三年以佐領從征黑龍江擊鏵陳兵戰甚
力殉焉
卹贈騎都尉世職達爾布以護軍校從貝勒阿巴泰征明至
山東攻昌邑縣城先衆登雲梯未半郎躍入之克其
城
賜號巴圖魯授騎都尉世職順治元年從入山海關以功兼
一雲騎尉七年九年數遇
恩詔晉一等輕車都尉而祁充格者亦吉思哈族人嫺習文

史

太宗在藩邸時以掌書記天聰五年爲禮部啓心郎尋授佐
領崇德三年坐睿親王多爾袞征明
太宗餞之不先啓豫親王多鐸隨
駕出送及是日私往屯莊貸死黜責隸睿親王府順治二年
起宏文院大學士充明史總裁官冬册封朝鮮國王
李倧世子淏歸加授一佐領六年充
太宗實錄總裁官復爲會試主考官八年坐諂附睿親王擅
改
太宗實錄删匿其罪愆增載功績並與遷駐永平逆謀論死
洪尼雅喀姓吳扎庫氏世居噶哈里

太祖創業時扈倫諸部爭爲雄長而烏喇尤橫肆聞洪尼雅喀以材武豪於鄉曲欲令臣附劫其孥以要之旣往至中途忿烏喇不足事遂與弟薩蘇喀薩穆唐阿攜族屬四十人來歸

太祖嘉之授佐領（陳儀洪尼雅喀傳授拜他喇布勒哈番）俾撫戢其衆後隸滿洲鑲紅旗天命三年從征明有功擢參領（陳傳晉秩爲三等阿達哈哈番）天聰二年

太宗征明錦州師薄城下先登攀其堞堞毀墜傷足敵將鈎縛之弟薩穆唐阿馳護鬬死洪尼雅喀乃免薩穆唐阿故從征有功至是

䘏贈雲騎尉世職八年

敕敘開創功臣以洪尼雅喀率衆歸附予輕車都尉世職（陳傳晉秩爲二等阿達哈哈番）任工部承政（陳傳任工部尚書）以事免崇德六年起戶部參政（陳傳起爲戶部侍郎）順治四年卒年六十有五子武拉禪襲自有傳次子珠拉禪初任都察院啟心郎考滿予雲騎尉世職順治七年九年三遇

恩詔晉世職輕車都尉累官副都統

武拉禪沈毅有膽略初授護軍參領守副都統已爲眞順治元年冬

世祖命豫親王多鐸追勦流賊李自成以右翼從師至潼關

賊衆掩至擊卻之旋敗其步兵於關外賊騎兵來犯
又設伏敗之乘勝破賊步兵二營並爲諸軍最二年
從端重親王博洛下浙江趨平湖敗敵獲戰艦進平
杭州明大學士馬士英總兵方國安擁衆來犯逆戰
於楮山破之又破之朱橋范村四年擢鑲紅旗蒙古
副都統五年增設滄州大名駐防
命以副都統駐防大名是年叛鎮金聲桓據江西隨征南大
將軍譚泰攻南昌五戰皆勝聲桓以步騎七萬拒戰
率本旗兵與大軍合擊大破之聲桓既死勦餘賊於
袁州敗僞總兵朱翊鍃定一府二縣六年奉

詔率將士偕通州總兵由天津至趙北口剿淀賊趙鳳岡時
賊方圍佐領杜爾巴於良店進擊之斬鳳岡殲其衆
千人别遣參領哈其哈擊賊寶山村擒賊渠二十七
授刑部侍郎累功兼遇
恩詔晉世職一等輕車都尉論平江西浙江功兼一雲騎尉
陳傳由一等阿達哈哈
番加一拖沙喇哈番　八年坐會以英親王阿濟格
私藏軍器事告知巽親王滿達海不行奏
聞削雲騎尉　陳傳削一拖沙
喇哈番餘如故尋遇
恩詔晉一等男爵　陳傳七年天下大定上
號禮成覃恩晉秩爲三等阿思罕尼哈番
九年　皇帝大婚禮成上　皇太
后尊號覃恩晉秩爲二等阿思罕尼哈番　既
皇太后尊

世祖以前此吏部奉
恩詔予襲太溫
命分别降等改二等男十二年隨甯海大將軍伊爾德攻舟
山其總兵陳六御等以三萬人拒戰領纛爲軍鋒擊
敗之十四年凱旋晉男爵一等陳傳授拜他喇布勒哈番並前職爲一等
阿思罕尼哈番世襲罔替遇
恩詔兼一雲騎尉十六年以領侍衛内大臣額爾克戴青家
奴毆侍衛阿拉那於市承勘不詳訊枉論阿拉那罪
坐削雲騎尉十七年以疾解任康熙六年卒
賜祭葬如例子二呼拉禪襲爵同色順治三年以一等侍衛

隨敬謹親王尼堪征湖廣至衡州擊流賊餘黨孫可
望與王俱沒於陣宜有
卹贈載筆者失之
薩蘇喀洪尼雅喀次弟自
太祖創業即從征伐洎入關之始遽以突將無前陳攖敵鋒
與弟薩穆唐阿先後爲國殤然功名差顯矣又薩穆
唐阿殉疆場以護兄洪尼雅喀而不卹其身與扎庫
氏可謂兼資忠義者矣薩蘇喀初任護軍參領天命
七年從
太祖征明廣甯至沙嶺敵列陳拒戰我軍有都爾根者馬蹶

敵騎夾馳刃交下躍馬大呼入敵陳斬一人排一人
顛遂翼之出無敢逼者天聰三年從
太宗征明至燕京先驅偵敵有俘獲五年大軍圍明大淩河
城城内兵突出率軍逆擊及濠而還敵尋復出又擊
敗之八年偕前鋒統領勞薩略明前屯衞擊甯遠兵
敗之獲馬二十有二進至大同率三十人偵明左衞
有敵兵三百營城外十里徑前掩擊皆潰走追至城
下斬獲甚眾九年隨貝勒多爾袞招撫察哈爾林丹
汗子額哲進略明邊境都統圖爾格設伏挫敵敵奔
逸薩蘇喀躡其後斬戮無算予雲騎尉世職尋任禮

部參政崇德二年同參領丹岱等率護軍驍騎各四十略明邊境次清河敵兵七百阻河守與戰敗之奪纛二獲馬二十餘五年從圍明錦州取來降蒙古蘇班代之孥於杏山擊走明兵拒戰者旋守木眥河再卻錦州兵又破其援兵六年進圍松山隨肅親王豪格敗明經略洪承疇兵於郭外時敵援兵四集夜犯鑲黃旗營以兵馳擊之敗去八年從鄭親王濟爾哈朗征明甯遠取中後所前屯衞有功順治元年擢鑲紅旗滿洲副都統從入山海關討流賊李自成甫交綏別同副都統和託突入賊營爲飛礮所中殞焉事

聞
卹贈輕車都尉子阿素喀襲未幾卒次子苗齊納襲七年遇
恩詔晉世職二等康熙元年從征雲南獲明桂王朱由榔諸
親屬十三年又從征逆藩吳三桂有功洊擢至護軍
統領二十九年大軍征噶爾丹以議政大臣偕裕親
王福全恭親王常甯等破賊烏蘭布通尋任江甯將
軍卒官

鄂碩世居棟鄂在伊巴丹河許以地爲氏祖揄布
太祖初年率四百人來歸
賜名魯克素子錫罕授騎都尉世職錫爾泰任佐領隸滿洲

正白旗天命十一年蒙古貝勒卓哩克圖所屬叛逃
錫罕追及之盡殲其衆天聰元年從征朝鮮攻愛陽
城先登克之復以八十人先驅遇敵戰没
太宗念其死事
特旨晉輕車都尉鄂碩其子也襲世職八年從豫親王多鐸
征明攻前屯衛斬其哨卒旋奉
命與前鋒統領勞薩率將士往迎察哈爾部來歸者是年授
佐領九年隨大軍招察哈爾部衆進征明朔州至崞
縣遇敵有斬獲由平魯衛出邊敵兵邀戰與都統圖
爾格擊卻之論功晉世職一等尋擢前鋒參領崇德

元年偕勞薩偵明邊事至冷口斬哨卒三獲馬十五
二年參領丹岱自土默特互市還偕前鋒統領吳拜
率將士至歸化城護之擒斬明邏卒三年隨睿親王
多爾袞征明入自青山口擊敗內監高起潛兵四年
奉
命與前鋒參領沙爾虎達率土默特兵三百人略地明甯遠
以前鋒挑戰敵堅壁不出乃從錦州北界掠其樵采
者而還五年從大軍圍明錦州以前鋒敗敵騎時錦
州圍急明經略洪承疇率兵赴援
太宗聞之親統大軍營松杏兩山間

命吳拜等以偏師營高橋東鄂碩統游卒偵敵所嚮躡之敵有走自杏山者即尾擊既杏山兵果潛出偵知以告吳拜吳拜未即出致敵復入城

太宗以鄂碩有統帥哨卒之責乃僅告知吳拜不自進擊責懲之六年復從圍錦州別將兵略甯遠遇明兵六百騎與前鋒統領鄂莫克圖引軍薄之敵敗去搴纛二獲馬六十餘七年隨貝勒阿巴泰征明毀界嶺口邊牆進師敗明總督范志完兵於豐潤敵自密雲出劫我輜重力擊之卻去遂越燕京趨山東所至皆捷師旋出邊明總兵吳三桂遣步騎邀擊戰卻之乘夜掩

襲奪纛三斬級數十擒二十九人獲馬二百餘論功
晉世職一等兼一雲騎尉順治元年從入山海關擊
敗流賊李自成又追敗之望都其冬從豫親王多鐸
追自成至陝州營潼關賊依山爲寨以拒偕前鋒統
領努山攻拔其寨二年陝西旣定大軍由河南進師
江南率八旗前鋒軍之半至睢甯敗敵兵千餘人旋
隨端重親王博洛分兵趨蘇州擊明巡撫楊文驄舟
師敗之獲戰艦二十五進趨杭州敗明魯王朱以海
兵擒總兵一尋與護軍統領哈甯阿等攻湖州克之
先是論入關破流賊功晉男爵至是論陝西江南浙

江功晉男爵二等六年擢鑲白旗滿洲副都統時明
桂王朱由榔據湖南廣西隨鄭親王濟爾哈朗往征
有功師還
賜銀三百兩八年授前鋒統領十三年擢内大臣兩遇
恩詔晉爵子復以
皇貴妃父晉爵爲伯十四年卒加贈侯爵
賜祭葬如故事子費揚古襲伯爵自有傳錫爾泰旣任佐領
尋列十六大臣以功予騎都尉世職天命六年從大
軍征明師薄瀋陽明總兵陳策以兵三萬營黃山聞
之渡渾河來援離城七里而營軍多執丈五竹槍

太祖令右翼四旗以棉甲楯車徐進鏖戰久之
太祖復鼓後軍以進錫爾泰爲前行張弓拍馬突敵陣直入
諸將繼之敵大敗追擊至渾河溺死者尤衆陣斬策
及參將張名世而錫爾泰與他將布哈及郎格亦並
戰死於是揄布二子先後殉疆場矣而錫爾泰二子
曰拉都曰巴都崎嶇疆場又並以殉然則棟鄂氏以
國殤世其家也哀哉初
太祖將經營天下重馬甚殺之者死錫爾泰妻犯焉錫罕爲
泣請曰臣弟錫爾泰所遺二子並幼弟婦死幼子無
依乞貰其世職丐弟婦罪

太祖從所請二子拉都巴都是巳拉都初以驍騎校從征明
出邊殿後斬追騎二崇德五年從圍明錦州敗其杏
山兵我執纛者陷於敵單騎援出之七年再圍錦州
擊松山騎兵敗去甯遠之役薄城覘其濠塹敵衆來
犯擊敗之亦殞
卹贈雲騎尉弟巴都襲順治元年從入山海關擊流賊李自
成陷陳爲軍鋒賊敗遁又追敗之望都晉世職騎都
尉遇
恩詔晉二等輕車都尉二年從英親王阿濟格追剿流賊於
綏德延安五戰皆勝五年叛鎮金聲桓據江西從征

南大將軍陳泰破賊童子渡及南昌府有功又四敗
賊黨王德仁兵既從征福建解福州圍敗賊考崎屯
又擊賊水軍敗之獲船十有二尋援羅源縣力戰殞
於陳
卹贈晉世職一等兼一雲騎尉子武靈阿襲坐事削世職康
熙二十九年起廢籍從征噶爾丹亦於烏蘭布通戰
沒異矣有佟佳拜者世居佟佳卽以爲氏亦戚屬也
隸滿洲正白旗祖塔本巴顏次女爲
太祖
元后生貝勒褚燕禮親王代善父清三列十六大臣拜其長

子積戰功至副都統兼吏部承政同索海攻瓦爾喀部我軍失利與譚布力戰乃敗之師還索海奏曰微譚布及拜如貔如虎相與克敵我軍幾無子遺即臣身亦不免

太宗乃治他將罪而拜與譚布各予雲騎尉世職順治元年從豫親王多鐸南征平定河南江南並有功六年討大同叛鎮姜瓖陳沒

卹贈騎都尉子卓克世襲職

費揚古貌奇偉好左氏春秋臨軍旅不自有其功得事君之體既襲父鄂碩伯爵康熙十三年隨安親王

岳樂率軍赴江西討逆藩吴三桂時賊將黄乃忠糾衆萬餘自長沙犯袁州偕副都統沃赫總兵趙應奎擊敗之擒僞官童聖功復萬載十五年擊走賊將夏國相於萍鄉毁寨十二進圍長沙戰屢捷十八年敗賊將吴國貴於武岡凱旋擢領侍衛内大臣列議政大臣二十九年

聖祖以噶爾丹劫掠喀爾喀又數擾我邊境

命裕親王福全爲撫遠大將軍費揚古參贊軍務調兵科爾沁隨征其秋大敗噶爾丹於烏蘭布通三十二年

詔以爲安北將軍曰歸化城乃邊外各部落總要之地西北

蒙古地方有事皆可豫爲防禦雖有土默特兩旗官兵未加訓練今又增蒙古兵甚多用特設將軍總率兩旗都統副都統訓練新舊官兵申明紀律整飭隊伍修備器械勸耕種儲糧糗不時偵探各路有軍事即奏聞候旨施行受茲委任須殫心竭力宣布德威以期無負倘其愼之明年

夏噶爾丹使人至歸化城言將入貢偵其踵至者男婦幾二千人遣兵迎詰且遏之馳疏請

旨

聖祖知噶爾丹陽修好實潛蓄窺伺意

命侍郎滿丕諭責其使遣還俄諜報噶爾丹將逼圖拉

詔與右衛將軍希福帥師往禦尋以圖拉無警慮噶爾丹趨
歸化城
詔旋師三十四年噶爾丹至哈密帥師往禦尋竄去授右衛
將軍兼管歸化城將軍事疏言噶爾丹見踞巴顏烏
蘭距歸化城二千里宜豫徵士馬芻糧於來年二月
進勦於是授撫遠大將軍
召入覲面授方略三十五年
詔黑龍江將軍薩布素帥師出東路
命與振武將軍孫思克西安將軍博濟帥陝甘兵出西路
聖祖禡牙親征躬統大軍由獨石口出中路約期夾攻西路

師抵察罕和碩噶爾丹驅賊衆趨克魯倫河當是時
東路兵尙未至科圖而
聖祖已由科圖進逼賊境費揚古師抵圖拉疏言賊悉焚草
地我軍紆道秣馬又遇雨糧運遲滯師行七十餘日
士馬饑疲乞緩軍以待會噶爾丹登克魯倫河之納
蘭山望見
御營黃幄龍纛環以幔城又外爲網城軍容山立大驚拔營
宵遁翼日大軍至河則北岸已無一帳克魯倫河者
起車臣汗西界東北入黑龍江橫亙瀚海東北二千
里乃內外蒙古之界也

聖祖初意賊必扼河拒戰故兩路出師攻其腹背及是知賊已喪膽乃密詔西路邀擊而親率大軍追之三日至拖諾山不見虜而還命盡運中路糧以濟西師費揚古得旨念賊皆百戰强寇我師饑疲馬僵其半士多徒步非反客爲主以佚待勞不可師至昭莫多蒙古語曰大樹林漠北古戰場也其地有小山三面皆拒河林木叢密可設伏即止營焉先遣前鋒統領碩岱副都統阿南達以兵四百挑之且戰且卻誘賊至而自率左右翼

步騎先據小山陳於東餘沿土臘河陳於西遵
聖祖所授方略各軍皆下馬步戰約聞角聲始上馬將軍孫
思克總兵殷化行以綠旗步兵居中據山頂臨之賊
爭山鋒甚鋭我軍據險伏擊礮矢疊發每進輒以拒
馬列前自固賊冒彈矢鏖戰自未至酉不退日暮賊
騎相去二十步費揚古自起鳴角者三左右俱鳴角
沿河伏騎盡起一橫貫賊陳一襲其後隊輜重賊奔
潰乘夜逐北三十餘里詰旦收軍斬級數千降二千
獲馬駝牛羊廬帳器械無算并殪其可敦阿奴可敦
者準部稱其汗之妃也頎晳敢戰披銅甲腰弓矢騎

而臨陳精鋭悉隸麾下所至無能攖至是亦斃於𮗎

噶爾丹以數十騎遁阿南達齎捷奏至

御營

召詢其詳曰噶爾丹聞

皇上親征心膽俱裂且不虞我兵絶其後路鋒刃突接出死

命相爭卒不得逞傷斃者枕藉山野漠北苦戰莫此

爲劇費揚古恐語涉矜張疏内約畧言之又降人云

噶爾丹之遁部衆多出怨言噶爾丹曰我初不欲至

克爾倫爲達嚩喇嘛所扇惑是達嚩喇嘛陷我我又

陷爾衆人於是

詔班師留費揚古駐守科圖
聖祖親撰銘勒石拕諾山及昭莫多山還次歸化城
親勞西路凱旋之師輟膳大饗士獻厄魯特之俘有老胡
辯有膽氣工笳兼能漢語
聖祖賜之湩酒使奏伎音節悲壯歌曰雪花如血撲戰袍奪
取黃河爲馬槽滅我名王兮虜我使歌我欲走兮無
槖駝烏乎黃河以北奈若何烏乎北斗以南奈若何
遂伏地謝
聖祖大笑手書告
皇太子

駕還京師
詔由科圖移駐喀爾喀遊牧地甫至噶爾丹使其黨來肆掠
遣副都統祖良璧擊走之追擊之翁錦賊敗遁尋以
馬疲移軍喀喇穆倫噶爾丹使其宰桑等請納款
聖祖再幸塞外
駐蹕楝斯拉
命費揚古赴行在入對
諭奬昭莫多戰功奏言軍中機務皆遵
密諭以底成功臣不能生擒噶爾丹以獻臣之罪也
聖祖曰噶爾丹窮蹙實甚朕不忍悉誅欲招降其衆撫而治

之奏言
聖意非臣等愚昧所能測度天地好生之仁也翼日
賜御佩櫜鞬弓矢遣還軍三十六年阿南達奏哈密回人擒
獻噶爾丹之子塞卜騰巴珠等
聖祖錄示其疏
賜胙肉鹿尾等物
詔曰時當上元令節衆蒙古及投誠厄魯特畢集暢春園適
阿南達疏至衆皆喜躍卿獨居邊塞不得在朕左右軫念
滋深故以疏示知並賜物問卿無恙即如與卿相見也
聖祖尋幸甯夏

命與內大臣馬思喀分路進兵
駕由黃河北岸
駐蹕拉布隆
賜上駟院馬五十橐駝十軍次薩奇爾巴勒哈遜噶爾丹既
窮蹙甚左右親信數台吉多面數聞大兵將至先後
望風款附其兄子策妄那布坦復擁勁兵伏阿爾泰
山將擒以獻功噶爾丹進退無地每夕或數驚遂仰
藥死厄魯特部衆降者相繼時
聖祖方自甯夏循賀蘭山出邊因以噶爾丹自伏天誅奏其
下丹濟拉以其尸及子女來獻中途策妄那布坦奪

而獻諸
朝所部悉降於是自阿爾泰山以東皆隸版圖拓喀爾
喀西境千餘里朔漠平
聖祖復勒銘狼居胥山而還又
親撰碑銘告成太學夫古帝王武功或命將或親征惟以告
於廟社未有告先師者在泮獻馘復古制蓋自
聖祖始而費揚古以謙讓飾桓武鼓角之暇兼肄詩歌亦無
愧儒將云其夏駐師察罕諾爾有疾
詔還京以昭武將軍馬思喀代領其衆晉爵一等公領侍衛
內大臣如故疏以噶爾丹未生擒辭所晉爵

優旨令勿辭
詔諸大臣曰塞外情形不可臆度必身歷其境乃有確見朕
親征噶爾丹衆皆不欲惟費揚古密抒謀略與朕意合卒
大敗積寇累年以來統兵諸將未有能過之者也四十年
聖祖幸索約勒濟與扈從中道疾作爲
停蹕一日
親臨視之
賜銀五千兩及
御帳蟒緞等物
遣內大臣侍衛護送還家尋薨

賜祭葬如典禮謚曰襄壯子辰泰襲一等侯爵兼一雲騎尉

雍正十年

詔入祀賢良祠費揚古在軍與士卒同甘苦事無大小皆親

決有求見者立召入待人以和無疾言遽色尤知大

體

聖祖嘗御箭亭

命諸大臣較射奏言臣臂痛不可以弓

許之出語人曰我嘗爲大將軍儻一矢不中有損

國威且爲外藩所笑故不與諸將軍角伎也從

聖祖幸番僧寺有號活佛者倨傲已甚即揮刃斬焉

聖祖責之對曰番僧雖尊亦人臣也何容肆彼倨傲戮我彝倫且果活佛當舉刀時宜有伽藍輩掣臣肘而渠亦不延頸受誅矣人咸服其言

康果禮先世居那穆都魯以地爲氏用材武聞歲庚戌

太祖命額亦都征東海渥集部招降那穆都魯甯古塔尼馬察諸路屯長昂古明安圖巴顏烏祿喀僧格尼喀哩泰松阿等時康果禮爲綏芬屯長與其弟喀克都哩等棄田宅率兵壯千餘來歸

太祖嘉其慕義遣大臣往迎每止宿輒設宴勞之至日

親出宴勞
賜金幣授康果禮喀克都哩子爵分轄其衆爲世管佐領隸
滿洲正白旗且
諭諸大臣曰那穆都魯比於各國號爲强盛尋以貝勒穆爾
哈齊女妻康果禮封和碩額駙天命三年大兵征明
取撫順克撫安三岔等十一堡進雅鶻關破清河城
並力戰有功六年從征明瀋陽以雲梯先登遂克其
城
太宗卽位列十六大臣尋擢護軍統領天聰元年隨大貝勒
阿敏征朝鮮凱旋與

賜俘獲三年從
太宗征明入洪山口克遵化城薄燕京
太宗親統大軍駐德勝門外明甯遠巡撫袁崇煥錦州總兵
祖大壽率兵二萬赴援屯城東南
太宗命隨諸貝勒擊之既敗敵兵諸貝勒追至城濠康果禮
與參領郎球漢岱等先返並削爵罰鍰奪俘獲五年
卒子六八賚塔第四子也最知名自有傳次子色琥
德承管佐領第三子邁色以功任護軍參領從征明
錦州戰於塔山殉焉子杭齊順治十一年選任侍衛
康熙七年擢護軍參領十三年從征逆藩吳三桂擢

副都統十七年隨貝勒尙善敗賊洞庭湖予雲騎尉
世職十九年擢護軍統領數年卒昂武者亦康果禮
之弟與偕歸
太祖者也初任佐領以勇健善戰列十六大臣天命四年從
征葉赫獨爲軍鋒破敵因克其城功最授輕車都尉
世職尋卒子馬克圖襲
太祖召見之嘉其人材以宗室公達爾察女格格
賜與爲婚年十八
太宗授護軍參領崇德元年從征朝鮮乘船隨鼇拜等攻平
壤先衆躍登岸遂入平壤

太宗嘉其功會王貝勒等入
朝
特諭似此效死力之人宜加優待如其貧乏國家務有以卹
之使之富足因
賜玲瓏鞍馬奴僕金幣衣服等物尋
命署護軍統領率所部推鋒而前無能當者遂連取二城以
疾卒於軍事
聞
太宗嗟惜之子馬哈達襲世職
喀克都哩

國初與其兄康果禮來歸
太祖分轄其衆爲佐領授子爵
太宗即位擢本旗都統天聰元年隨征朝鮮有功三年
太宗親統大軍征明攻遵化
命八旗都統分八隅列陳喀克都哩督所部薩穆哈圖樹雲
梯先登衆繼之拔其城明巡撫王元雅自殺
太宗嘉其造攻具如法督兵先諸軍克城功
親酌金巵獎勞
優賚之晉子爵二等
賜號噶思哈巴圖魯言勇敢善戰疾如飛鳥也明年

太宗攻克永平明兵潰走昌黎
遣敖漢奈曼巴林札魯特兵攻其城不克
命同都統達爾漢等率兵千人往助仍不克焚近城廬舍而
還方敘克遵化功也薩穆哈圖亦
賜巴圖魯號授騎都尉世職並
詔喀克都哩曰薩穆哈圖奮勇建功宜加愛惜自後攻城但
令隨衆並進即彼欲先登亦必阻之及攻昌黎薩穆哈圖
運木築柵復樹雲梯將登城及
命旋師乃止
太宗以喀克都哩不卹下申

諭切責五年同都統楞額禮分率左右翼步騎征明南海島
徵舟艦於朝鮮弗至師次海濱不能渡遂還數擊敗
明兵邀戰者俘獲甚衆其秋從
太宗圍明大凌河城以本旗兵軍城東北城中食盡其總兵
祖大壽以衆降乃班師六年從
太宗征察哈爾與諸將分兵略地籍所俘人戶牲畜金帛以
獻
獎賚有差七年
太宗以征明及朝鮮察哈爾宜何先
詢諸貝勒大臣喀克都哩奏言宜先征明以承

天佑協人情且利在神速攻其不備
太宗嘉納之八年其家人訐欲逃歸瓦爾喀以財物運藏那
穆都魯故屯
太宗曰喀克都哩豈有外遁之理果欲負朕
天必鑒之不復究治以告者付喀克都哩殺之未幾卒會有
詔分別舊臣勳績
賜敕書予世襲其子塞古德圖爾泰赴吏部述父功請襲
太宗命諸貝勒集議貝勒多鐸言喀克都哩之嫂和碩郡主
謂喀克都哩前被首事屬實參領吉思哈自虎爾哈
凱旋亦言虎爾哈人謂喀克都哩曾欲逃歸諸貝勒

並以
聞遂不予襲
賚塔康果禮第四子年十四授侍衛
太宗時以諸父喀克都哩欲逃歸瓦爾喀事坐黜旣從大軍
圍明錦州擊松山杏山敵兵有功明年隨貝勒阿巴
泰征明越燕京趨山東攻下新城高陽霸州壽光博
興等城並先登身中五創
賜八戸牲畜銀幣授前鋒侍衛順治元年從入山海關討流
賊李自成敗賊將唐通於一片石追擊自成連敗之
安肅望都擢護軍參領隨豫親王多鐸由河南征陝

西連敗自成賊衆於潼關明年隨征江南攻克揚州
定江甯追敗明福王朱由崧於蕪湖予雲騎尉世職
三年隨端重親王博洛征福建明唐王朱聿鍵走汀
州率兵克其城晉世職騎都尉五年明桂王朱由榔
據湖南隨鄭親王濟爾哈朗往征六年師至衡州戰
青草橋及府南山並捷進克祁陽又敗敵大忠橋斬
將王公嶺其總兵王進才與伯胡一清各以步騎數
千拒河岸者亦敗潰進擊其總督譚宏於道州又擊
一清及其伯焦連等於全州皆走之七年八年兩遇
恩詔晉二等輕車都尉先是喀克都哩事覺康果禮世管佐

領亦坐革

太宗諭後有功效仍給還至是請於部得

旨復之即予承管十一年隨都統珠瑪喇等敗李定國於廣東解新會圍定國走廣西追敗之興業及横州晉男爵尋擢護軍統領十六年鄭成功犯江甯

命同安南將軍達素往征比至成功走遂移師福建明年同都統索渾攻廈門官軍不習水戰失利坐罷革世職及佐領康熙二年署前鋒統領隨靖西將軍穆哩瑪征流賊李來亨等於茅麓山數戰皆捷賊平復授護軍統領兼佐領八年擢正白旗蒙古都統十三年逆

藩耿精忠叛

命爲平南將軍統兵赴浙禦勦時杭州將軍圖喇病免副都

統拉哈達代之聽節制

聖祖仍詔曰卿等皆國家股肱大臣任封疆重務凡事宜協

心謀畫以副朕意勿各執己見致有貽誤務以國事爲重

用懋乃績賊黨犯金華遣副都統瑪哈達雅塔哩拉哈等

擊走之復義烏諸暨二縣師進駐衢州僞都督周列

以賊二萬自常山來犯遣副都統瑚圖等邀擊之擒

斬過半僞總兵桑明復以賊五萬至同總督李之芳

遣兵迎擊斬級萬餘十四年督兵擊敗僞將軍馬九

玉於黃潭口大鐵村王屋山杭埠南塘諸處僞副將
李廷魁屯衢州城北元口山乘夜督攻破走之焚其
木城九玉偕賊將林福等退據大溪山是時康親王
傑書爲大將軍駐金華
詔賚塔參贊軍務仍佩平南將軍印分駐衢州數擊敗來犯
賊衆十五年秋康親王移駐衢州循例歸將軍印以
都統任參贊進扼大溪灘斷賊糧道復江山縣城九
玉遁同瑪哈達等進破仙霞關僞參將金應虎降拔
浦城又同副都統吉勒塔布等敗賊於建陽克其城
進復建寧府尋隨康親王抵延平精忠窮蹙迎降時

漳泉興化爲鄭錦所據十六年同甯海將軍拉哈達
進師興化連破二十六營陳斬其總督趙得勝復興
化其總兵郭惟藩以仙遊降又同討叛鎮劉進忠於
潮州進忠迎降康親王奏復授平南將軍印守潮州
十七年鄭錦之總統劉國軒陷平和犯海澄
聖祖命移師赴援國軒斷江東橋及長泰同安諸小徑我師
不克進其夏海澄漳平同安惠安並陷且犯泉州秋
與總督姚啟聖合兵進討大敗之蜈蚣山破其七營
斬四千餘級復長泰冬復敗之漳州萬松關十八年
其將軍吳淑何祐等犯長泰同提督楊捷等分道迎

擊斬二千餘級擒總兵副將三人國軒復犯江東橋擊敗之逐北至太平寨斬級千餘十九年同啟聖及捷等進攻海澄招降其總兵蘇堪復其城聞水師提督萬正色已取海壇遂率兵獨由松嶼進其將軍陳昌率衆降鄭錦走臺灣廈門金門以次定調本旗滿洲都統仍爲平南將軍守潮州尋

命移駐廣州會尚之信獲罪逮繫其藩下長史李天植等怨都統王國棟發難誘殺之藩兵咸畏罪思亂賚塔密承

詔旨以罪不株連慰撫藩兵而以兵圍之信第收捕天植及

同謀者繫獄候
旨餘釋勿問是時逆藩吳三桂子世璠尙據雲南定遠大將
軍貝子章泰自湖南進征貴州
聖祖以賚塔在福建廣東功績久著授爲平南大將軍赴廣
西調遣滿洲漢兵由南甯直趨雲南於是率兵自田
州泗城進西隆州僞總兵周應龍迎降僞將軍何繼
祖等擁衆數萬於石門坎築壘以拒石門坎距安籠
所三十里地峻隘羊腸一徑夐出雲表天下至險也
令都統希福護軍統領額赫訥等攻其前自與副都
統宏世祿赫埒布總督金光祖分兩路由間道擊其

後期二十年元旦進兵乘賊之無備至日賊倉卒禦於前而後已冒險上夾擊之大敗賊衆奪其隘口進復安籠所城降僞總兵陳義魁繼祖復糾僞將軍詹養王有功率二萬人於黃草壩拒戰督軍奮擊自卯至未奪賊營二十餘陳擒養與有功及賊衆千餘獲其象馬

聖祖以賚塔自廣西深入雲南大敗逆賊爲諸路先

溫旨獎之師抵曲靖降僞總兵尹士元僞道員劉世忠等進取霑益州斷賊中路僞將軍線緎等悉遁歸於是雲龍州易龍所楊林城嵩明州以次復自餘賊營望風

潰遂會章泰諸路軍而駐營歸化寺僞將軍胡國柄
劉起龍等離城以象陣拒戰賚塔與章泰分兵進擊
自卯至酉賊大潰斬國柄起龍及僞總兵九擒賊六
百餘世璠嬰城守而調賊將馬寶胡國柱夏國相等
還救大軍併力環攻賊內亂欲擒世璠以獻世璠自
殺線緎等開城降遂磔僞大學士方光琛等傳世璠
首於京師夏國相竄廣東與章泰檄土官儂朋總兵
李國樑率師追擒於西板橋又遣希福等追胡國柱
至雲龍州國柱縊其黨王敘李匡自殺餘衆悉降雲
南平二十一年冬大軍凱旋

聖祖親率王大臣郊勞於蘆溝橋西二十里外
御黃幄
詔章泰賚塔行抱見禮還京仍任都統明年以隱匿尙之信
藩下應入官婦女事應勘問
聖祖曰賚塔於福建廣東雲南有大功勿因細微事遂以非
禮加之致失朕眷顧功臣之意下所司集質得實請褫職
議罪
詔從寬削級罰俸二十三年冬卒
賜祭葬如典禮加祭二次諡曰襄毅明年
聖祖語王大臣曰平定雲南賚塔之功最大縱有他過爲人

許告朕不之罪也諸臣曰惟
帝念功曲賜保全不獨效力行間者聞皆歡忻即臣等亦莫
不感戴二十五年追論其功予一等男爵子費葉楞
襲雍正五年
世宗詔曰原任都統賚塔當三逆交亂克復雲南功績懋著
朕恭閲
聖祖仁皇帝實錄備得其詳因有愆咎功過相抵是以未封
公爵但授一等男在當日不優封賚塔者欲使立功之人
咸知儆惕不可恃功妄爲今事歷多年後人已知鑒戒奉
法追封一等公令伊孫博爾屯承襲以示朕眷念舊臣之

意八年始建賢良祠
詔以賚塔與大學士圖海等並入祀九年加公號曰襄績
哈哈納世居東海渥集部族衆強盛於康果禮蓋從
兄弟行
太祖命額亦都招之父明安圖巴顏遂入朝
賜宴及金帛慰諭甚厚由是率屬來歸哈哈納其長子也
太祖命與弟綽和諾並爲佐領分轄其衆妻以宗女隸滿洲
鑲紅旗從征烏喇被數創仍力戰敗敵尋卒
命以本旗兵戍賽明吉未至其人衆叛逃守將瑪爾圖追之
弗及哈哈納旣聞兼程疾進斬三百餘級收男婦五

百人而還
賜所獲叛渠及鞍馬弓矢等物天命四年明兵大至
太祖率諸貝勒逆之破其兵於界藩尚間崖及阿卜達理岡
時朝鮮遣兵助明亦爲我所敗
太祖遂統師取開原鐵嶺二城並有功六年從征明遼陽偕
副都統博爾晉偵敵城下敗其援兵分攻沙嶺城擊
廣甯兵來援者復敗之
太宗嗣位列十六大臣任本旗副都統天聰八年略地明錦
州敗其甯夏兵進軍甯遠敵兵來襲所乘馬傷仆徒
步力戰卒擊敗之從修海州城明人來爭率所部先

衆迎戰多所斬獲旣援耀州解其圍追敵渡河獲馬三十崇德元年隨武英郡王阿濟格征明入長城攻昌平涿州二城皆克尋以傷發病廢致仕長子戴祿崇德八年以佐領從征明燕京擊敗敵兵來拒者又追其自薊州敗走總兵斬馘甚衆戰玉田縣旣捷進攻河間府所部索爾和訥先登入山東攻克滕縣進攻曹縣所部巴哈達先登破

優賞順治元年隨豫親王多鐸追流賊於潼關擊敗之明年從征閩浙戰建甯府諸暨縣並有功云第三子裴洋古此據滿洲名臣傳八旗通志作費揚古哈哈納第四子初任佐領康熙十三

年隨順承郡王勒爾錦征逆藩吴三桂師至荆州賊將劉之復陶繼智犯宜昌同護軍統領額師泰以舟師横江逆擊敗之獲其戰艦十七年擊賊將胡國柱於永興鏖戰一晝夜國柱敗走進攻常甯耒陽並爲軍鋒十九年授驍騎參領洊擢本旗漢軍副都統三十五年領火器營從

聖祖征噶爾丹出古北口抵克魯倫河噶爾丹棄廬帳遁隨大將軍馬斯喀率兵窮追至巴顔烏蘭而還明年卒

賜祭葬如故事孫噶篤渾戴祿子也順治十五年以佐領隨安南將軍達素征鄭成功於福建康熙十五年從征

平涼戰並有功尋隨撫遠大將軍圖海攻興安州僞
總兵王遇隆以兵二千出拒力擊敗去進軍保甯敗
賊沈其船又隨建威將軍佛尼勒戰勝盤石關攻泰
州身先士卒有功位雖未顯要以將領世其家綽和
諾哈哈納第三弟勇於戰陳每見敵直前搏之若恐
其逸去歲辛亥以佐領隨額駙何和哩征虎爾哈部
攻克扎庫塔城天命四年擊明總兵馬林於尙間崖
六年取瀋陽遼陽並有功授輕車都尉世職奉
命以兵駐防科木索有就善者於甯古塔殺守吏率衆攜輜
重遁追及於海濱斬就善並殲其黨

詔以所獲輜重悉賚之
太宗嗣位列十六大臣任本旗副都統天聰五年大軍圍明
大凌河城其監軍道張春總兵吳襄等率兵萬餘自
錦州來援冒礮石先諸將迎擊力戰久之歿於陳
詔晉世職一等優䘏其家無子仲兄翁格尼襲世職仍轄所
屬八戶尋益以新附虎爾哈百人坐事斥以其子富
喀禪代任佐領並襲世職自有傳綽和諾每戰不介
胄但被額爾布甲腰弓矢舞矟直前所向披靡軍因
以勝然亦以是身受數創額爾布甲棉半臂也
富喀禪初以護軍校從征伐屢立戰功天聰三年隨

大軍攻明大安口射殪其前鋒二人五年圍明大淩
河城其監軍道張春總兵吳襄等來援突入敵中墜
中創墜馬郎裹創步戰手搴敵纛我軍有瑤奎者亦
墜馬舞纛直前援以出八年從征明大同旣被創仍
力戰敗敵是年襲諸父綽和諾一等輕車都尉世職
兼任佐領崇德元年從征朝鮮有功三年授工部理
事官兼參領隨豫親王多鐸征明甯遠戰勝中後所
城西山岡順治元年從入山海關擊敗流賊李自成
兼一雲騎尉三年擢西安駐防總管時流賊劉文炳
郭君鎭等肆掠延安慶陽明年督兵勦之遇賊二千

於邠州力擊敗去追躄之三水縣斬郭君鎮别遣遊
擊胡來覲守備徐國崇等追擒劉文炳於宜君縣之
藍莊溝俘斬其黨畧盡獲馬騾牛無算五年逆回米
喇印丁國棟等據河州作亂同總督孟喬芳遣兵攻
圍羣回受撫而米喇印復叛據甘州率兵進攻不下
深溝高壘困之賊出犯斬級二百邀獲其樵采者四
百餘人乘勢以雲梯攻克其城米喇印遁追斬之丁
國棟復與纏頭賊土倫泰等據肅州爲副將馬甯張
勇所誅滅明年叛鎮姜瓖據大同分黨連陷郡邑遣
協領褪特參領都敏赴援敗賊猗氏縣擒僞監軍道

衛登方七年復遣兵勦賊合水縣斬其渠劉宏才先
後奏捷
詔獎之三遇
恩詔晉爵一等男康熙元年改西安總管爲將軍俾任其職
初李自成竄死其黨散處楚蜀至是餘孽劉二虎郝
搖旗袁宗第等猶聚匿歸州興山間二年同總督李
國英副都統杜敏等進討戰陳家坡賊敗遁入天地
寨躡擊之二虎勢窮自縊搖旗宗第復遁追至黃草
坡大敗賊眾擒搖旗並明晉王朱宗蒨等招撫七千
餘人既並獲宗第於是關陝肅清論功晉子爵七年

致仕明年卒此據八旗通志滿洲名臣傳云五年卒
賜祭葬如故事子穆成額襲爵
穆成額既襲子爵康熙十三年耿精忠於福建叛應
吳三桂江西甯都廣信所在騷動
聖祖命定南將軍希爾根副將軍哈勒哈齊往江西其夏
詔署副都統偕副都統倭赫率大軍赴之未至精忠陷石城
犯甯都奉
命兼程速進時希爾根方援撫州遂分守南昌秋三桂遣犯
袁州
詔率所部往與總兵趙應奎併力同守以俟大軍

遣將軍尼雅翰率駐防江甯兵及副都統碩塔等援之其冬
僞總兵黄乃忠合賊衆數萬自萍鄉來犯與副都統
幹都海倭赫等禦之西村斬級萬餘乘勢登山壓擊
賊大挫敗去追斬五千餘級旋與應奎分兵三路疾
趨萬載縣環攻之賊出拒陳斬其渠邱以祥擒僞官
童聖功俘殪無算復其城僞總兵張泰據安福縣偕
參領色埒等分道進攻斬五千餘級復其城當是時
精忠未平而叛賊劉進忠等復陰連鄭錦寇潮海郡
邑平南王尚可喜與總兵黄芳泰連疏進兵
聖祖命尼雅翰與鎮南將軍侍郎舒恕率兵赴廣東穆成額

參贊軍務十四年大軍復南雄而始興守備李光明通賊城陷偕總兵張星耀攻之陳斬賊將郭梓擒光明及所署僞官復其城明年夏尙之信叛韶州南雄應之隨舒恕退保南安贛州其冬與江西巡撫佟國禎合兵平贛州諸賊復萬安縣尋偕副都統額赫訥敗賊南康縣之固鎮堡十六年

詔舒恕等鎮守贛州而穆成額以副都統爲鎮南將軍征廣東仍

命與額赫訥參贊軍務駐韶州時進忠寇潮州乃分兵留守自率師赴廣州秋三桂遣犯韶州偕副都統赫勒布

迎戰御之廣詔既定進兵廣西明年三桂遣犯潯梧
桂林平樂等郡
詔與將軍額楚都統勒貝巡撫傅宏烈統兵禦之其秋戰鬱
林失利退保藤縣其冬復陷
聖祖命平南王尚之信及將軍舒恕率兵赴援賊乃遁走二
十二年坐藤縣失機且不收陳亡骸骨應褫職籍沒
編入內務府佐領
詔免編隸尋以其弟新桂襲世爵
瓦爾喀珠瑪喇康果禮族人也祖察禮當
太祖時率子姓來歸珠瑪喇少以材勇持豹尾槍出入宿衛

太宗初任佐領時葉赫有同名者
命卽故所居稱瓦爾喀珠瑪喇以別之天聰八年
賜敕授騎都尉世職尋以前鋒十八追獲叛逃蒙古四十八
優賞之崇德二年同佐領喀凱等分路征瓦爾喀於額勒約
索額黑庫倫僧庫勒諸路俘獲甚衆論功兼一雲騎
尉授吏部理事官四年隨貝勒岳託征明乘夜升雲
梯攻克故城縣明總兵侯世祿以兵赴援徒步突入
敵軍力戰敗之被創甚而明內監高起潛軍又猝至
負創力戰復敗之逐北數里尋隨肅親王豪格略明
錦州破其邊城兵進至太平寨敵嚴陣以待復徒步

大呼斫毀鹿角陷其陳中創不退戰益力敵兵大潰

國初定天下諸將立功戎行多以騎射珠瑪喇獨用步

戰名破敵者屢矣然則斤削之用遷地弗良猶偏詣

也卽惡知

聖人受命風虎雲龍無所不有哉其冬隨承政索海薩穆什

喀統左右翼兵征索倫部多所俘獲道攻虎爾哈之

雅克薩城我軍火焚其郛佐領和託先登珠瑪喇繼

之克其城師還至黑龍江濱虎爾哈潰眾復合烏魯

蘇屯之博穆博果爾兵六千來襲我正藍旗後隊與

索海設伏掩擊殲之略盡晉世職輕車都尉六年隨

鄭親王濟爾哈朗圍明錦州敗松山騎兵明經略洪
承疇赴援營松山西北我右翼兵與戰失利敵兵環
攻左翼珠瑪喇力戰敗敵礮傷額氣絕
太宗震悼
賜斂具三日復甦奏
聞
太宗喜甚令加意調養勿即隨征尋以監造
盛京塔工告成
賞賜甚厚實以戰功也旋率兵防守錦州諸山塞明兵來犯
戰竟夜始退斬級四十餘獲雲梯及軍械晉世職二

等八年考績晉一等順治元年從入山海關擊敗流
賊李自成兵復勦滅馬山口土賊論功兼一雲騎尉
二年調戸部理事官冬同都統巴顔等率兵會定西
大將軍何洛會征流賊張獻忠師進自西安數破賊
三年
命肅親王豪格代何洛會統軍趨階州聞賊眾屯禮縣南珠
瑪喇分兵擊之賊遁復與護軍統領鼇拜進軍征西
充獻忠滅班師六年隨英親王阿濟格討大同叛鎮
姜瓖至左衛賊列兵城外迎戰擊走之復左衛旋擊
賊甯武關賊於山岡列礮以拒偕參領烏庫禮率師

疾馳據岡之脊壓賊營破之僞總兵劉偉遂以關降
七年甄敘勞績舊臣晉男爵世襲罔替八年擢正白
旗副都統遇
恩詔累晉一等男十年卒年五十有三予祭葬如例祀四川
名宦祠弟伊瑪喇初任前鋒侍衛順治三年從肅親
王軍於四川賊黨趙雲桂圍保甯伊瑪喇登城射中
雲桂目賊駭走我師乘之大捷至是襲兄珠瑪喇一
等男爵尋授參領康熙十三年陝西提督王輔臣叛
應逆藩吳三桂隨揚威將軍阿密達討之十四年夏
師至甯州賊兵千餘來拒擊敗之遂復甯州進攻平

涼距城八里輔臣以賊萬餘迎戰隨貝勒董鄂擊敗其衆十五年隨撫遠大將軍圖海復攻平涼至城北虎山墩偵賊賊合步騎突至督兵力戰賊敗去十八年搜剿棧道益門鎮諸路賊營敗賊將陳君極二十一年賊平還京二十七年以老疾乞休三十四年卒亦祀四川名宦祠次子滿色襲爵

世祖御極

恩詔察奏效力行間未議敘者兵部列伊瑪喇名以進

賜加雲騎尉世職與長子能奉襲

吉林通志卷九十四

人物志二十三　國朝八

德勒格爾　穆占

烏丹　明珠子成德

揆敘　固三泰子明阿圖　孫賽爾翰

瑚什布子穆徹納　阿什達爾漢子席達禮

蘇納　蘇克薩哈

白爾赫圖　鄂莫克圖

愛松古　喀山阿布岱

納海

德勒格爾姓納喇氏葉赫貝勒錦台什之子天命四
年
太祖攻破葉赫被創家居而錦台什據所居高臺未下奉
命入勸曰我等戰既不勝而城又破居此何爲不如往投言
數四錦台什不從涕泣返報
太宗時爲貝勒令縛之徐曰死則死耳何縛焉於是
太宗以其言轉奏
太祖曰子招父降而不從罪不在子
命入見徹御膳俾與
太宗共食且謂

太宗曰此汝兄也善遇之授佐領予男爵後隸滿洲正黃旗
未幾卒子南褚襲任護軍統領坐事黜削弟索勒和
襲而南褚之子曰穆占曰烏丹
穆占初任侍衛兼佐領順治十六年署前鋒參領隨
都統卓洛前鋒統領伯勒赫圖駐防雲南時元江土
司那嵩作亂大軍滅之與有功擢本旗副都統予輕
車都尉世職康熙十二年逆藩吳三桂反
聖祖命安西將軍赫業副將軍瑚哩布由陝西四川進討穆
占署前鋒統領參贊軍務明年春至陝西聞四川郡
邑皆附賊叛鎮譚宏據陽平關同西安將軍瓦爾喀

率兵先驅擊賊野狐嶺敗之攻克陽平關及七盤關
又敗僞總兵石存禮於朝天關陣擒僞遊擊王道成
斬獲無算進征保甯叛鎭吳之茂以賊數萬來拒我
軍與相持數擊敗賊衆來犯者其冬賊劫我糧艘於
略陽又阻截運道於槐樹驛及鄘嶺獨以兵通道賊
遇之輒靡旣而餉不繼偕諸將還駐漢中會陝西提
督王輔臣叛甯羌據秦州平涼與吳之茂譚宏等聯
結爲寇隨大將軍貝勒洞鄂還西安十四年春

詔洞鄂征秦州平涼穆占代赫業爲安西將軍率兵並進僞
總兵高鼎以賊四千立寨隴州河岸力戰破其寨殲

賊甚衆進薄秦州圍之賊數出戰敗之又擊卻平涼
援賊城賊困蹙偽總兵陳萬策以城降率兵往助提
督張勇圍鞏昌遣陳萬策入城諭偽總兵陳科亦率
衆降還會大軍征平涼明年春
聖祖以洞鄂久圍平涼未下
遣撫遠大將軍圖海代之夏王輔臣降穆占率兵勦餘賊於
西河清水成縣禮縣復其城偽總兵周養民王好問
以慶陽府降其秋
召入覲以都統品級佩征南將軍印率兵征湖南十六年春
至荊州是時順承郡王勒克德渾守荊州貝勒尚善

圍岳州安親王岳樂圍長沙簡親王喇布守吉安

詔由岳州助攻長沙疏請移江南沙船百餘爲水陸夾攻之

用

詔如所請其秋

詔移兵會簡親王規取衡州永州吳三桂分遣賊將掠江西

移兵袁州擊卻賊衆由永新犯吉安者遂進征茶陵

逐賊至攸縣陳斬四千餘級擒百餘人茶陵攸縣安

仁酃縣永寧俱復明年閏三月攻克郴州桂陽招桂

東興寧宜章臨武藍山嘉禾永興降之自乃駐郴州

以都統宜理布守永興俄賊犯永興遣護軍統領哈

克三前鋒統領碩岱等援之時簡親王尚駐吉安請
旨趣其進征簡親王奏穆占徹茶陵攸縣安仁之兵還郴州
恐賊由永興進據要路江西可虞請
敕穆占先滅永興之賊疏辨茶陵等處之兵未徹永興已遣
援郴州實爲要地請
敕簡親王遣將來守臣乃可擊賊永興
聖祖命穆占仍守郴州
諭趣簡親王進征簡親王乃移駐茶陵穆占疏請調江西提
督趙賴隨簡親王部下將軍華善等率兵分守攸縣
安仁等處

詔自穆占至荆州所奏調遣守禦事宜無不允行破賊收疆
穆占是賴其俱如所請夏賊將馬寶胡國柱并力犯永興
我軍失利宜理布哈克三皆戰沒碩岱退入城副都
統託岱引兵還郴州
聖祖以穆占分兵防守閒地致永興兵單
諭責厚集兵力立功贖罪時簡親王遣前鋒統領薩克察由
安仁援永興旣入城以賊勢猖獗牒請益兵辭以永
興軍事簡親王主之薩克察遣告簡親王遂以入奏
詔責穆占曰凡因茶陵永興諸處軍事所降諭旨皆署穆占
名於簡親王之前今穆占牒稱永興爲簡親王之地繆戾

四

實甚自今以往毋分彼此合力以滅賊爲期未幾馬寶闖
巺三桂死焚壘引還衡州初寶等三面圍攻永興自
八月二日至二十日晝夜不息城壞於礮以竹簍布
囊盛土補之且築且戰瀕危者屢矣碩岱等死守十
九日始去穆占遣兵追敗之耒陽十八年春率兵擊
敗賊將郭應甫於常甯招降僞總兵李魁等追擊賊
將巺國貴於永州俘斬甚衆復永州道州常甯新田
永明江華東安進定廣西復全州灌陽興安恭城時
桂林平樂南甯等府將軍莽依圖傅宏烈等復之
詔穆占還定湖南攻復新甯冬

命貝子彰泰爲定遠平寇大將軍穆占參贊軍務十九年春
督兵擊敗賊將吳應麒等復沅州進征貴州冬師進
鎮遠賊將張足法楊應選宵遁復府城及偏橋興隆
二衛進定平越貴陽並遣兵復安順石阡都勻等府
明年春賊將高起隆夏國相王會王永清張足法楊
應選等擁衆二萬餘於平遠西南倚山立寨同提督
趙賴等率兵力擊起隆等敗竄王會以所部降遂復
平遠分遣副都統莽奕祿遊擊王成功等追剿逸賊
擒斬僞巡撫張維堅復大定府應選率衆降尋進征
雲南

聖祖以貴州苗蠻雜處疆土新復
命穆占旋師鎮守既以彰泰請
詔仍隨征雲南其冬合廣西四川兩路兵攻雲南城三桂孫
世璠自殺僞將軍線緎等出降雲南平凱旋授本旗
蒙古都統列議政大臣二十二年春王大臣等追論
征保甯奏軍事不實征平涼不臨陳指揮在郴州推
諉不救永興應處絞籍沒奏上
詔穆占雖有罪其勞績亦多罷任革世職餘罪寬免是年卒
年五十有六
烏丹初以佐領任一等侍衛康熙十一年同學士郭

廷祚視淮安河工決口繪圖還奏
詔河臣於宿遷至清河舊隄外增築遥隄以防衝溢十三年
順承郡王勒爾錦統師湖廣討逆藩吳三桂烏丹奉
使軍中宣
諭機宜既陝西提督王輔臣叛附三桂
聖祖命署副都統領兵駐守太原尋
命署建威將軍移兵潼關至即勦華州商州諸賊平之十五
年隨大將軍圖海征平凉賊據城北虎山墩聯聲援
通餉運督兵奮擊大創賊衆遂奪虎山墩俯攻平凉
城輔臣皇懼乞降率數騎入城安撫降衆十七年授

護軍統領時漢中興安尙爲三桂黨所據
詔圖海進征烏丹參贊軍務分兵擊敗賊衆於牛頭山及香
泉其冬圖海入
覲奉
命仍佩建威將軍印暫統大兵明年秋
詔曰爾在朕左右有年稔知朕意應勇果任事參贊大將軍
機宜以立功勳尋隨圖海統師至鎭安縣偵知賊在梁河
關繼將軍佛尼埒進擊與僞將軍王遇隆戰火神崖
敗之渡乾玉河奪梁河關乘勝追勦復興安
命圖海還駐鳳翔烏丹仍以建威將軍分統大兵繼將軍王

進寶征四川疏請
敕西安甘肅兩巡撫速趣運餉至略陽俾克乘時進取
詔如所請十九年春先遣兵斷賊餉道自與進寶擊賊蟠龍
山錦屏山諸處大破之遂趨保甯奪浮橋斬關入城
擒僞將軍吳之茂張超龍僞總兵郭天眷等時勇略
將軍趙良棟亦復成都與王進寶佛尼埒議分兵取
順慶重慶佛尼埒既招降順慶僞知府彭天壽等烏
丹率兵趨重慶僞將軍楊來嘉彭時亨僞總兵路之
雋江有倉等亦率衆降於是達州東鄉太平新甯南
江安岳諸州縣悉定旋奉

詔取瀘州與趙良棟會兵進雲南其秋良棟疏請
敕烏丹速殄永甯賊寇乘勝趨雲南
詔曰烏丹往取瀘州行及一月何猶未渡江其速取瀘州剿
除犯永甯諸處賊寇既同佛尼埒領兵攻豹子山瀘州賊
渡江遁令前鋒統領博鼐等擊之擒斬及溺死者無
算冬良棟劾烏丹擁重兵二萬不急赴援致永甯再
陷仁懷失守得
旨成都去永甯不過七八百里烏丹不速援遲至六十餘日
貽誤殊甚以宣威將軍鄂克濟哈統其兵進征烏丹解將
軍任還漢中隨大將軍圖海鎮守二十一年還京王

大臣追論遲援永奪罪革護軍統領及佐領尋授三
等侍衛兼佐領二十九年喀爾喀扎薩克台吉額爾
克阿海等作亂而噶爾丹亦犯邊掠烏珠穆沁
聖祖命裕親王福全征噶爾丹以烏丹隨征師至烏蘭布通
擊敗賊衆噶爾丹遁去裕親王遣同參領色爾濟博
爾和岱往偵所在行數日知巳遠竄乃還途遇喀爾
喀賊衆劫掠並爲所害
卹贈有差烏丹
賜祭葬如散秩大臣又視陳亡例予雲騎尉世職以其子巴
什襲並

命巴什兼襲其諸父噶納海二等男爵雍正二年
世宗命入祀昭忠祠
恩至厚矣時終以故將軍嘗統數萬衆一旦降黜至任偵探
之役戕於小賊爲烏丹重惜之也
明珠父尼雅哈德勒格爾之弟也
太祖時授佐領數從征伐有功
世祖定鼎燕京予騎都尉世職順治三年卒長子振庫襲明
珠其次子由侍衛授鑾儀衛治儀正遷內務府郎中
康熙三年擢內務府總管五年授宏文院學士六年
充纂修

世祖實録副總裁七年奉
命與工部尚書瑪爾賽閱淮揚河工定議修復興化縣白駒
場舊閘增鑿黄河北岸引河以備蓄洩授刑部尚書
明年改都察院左都御史十年充
經筵講官奏停巡鹽御史徧歷州縣之例遷兵部尚書
十二年春
聖祖幸南苑
閱八旗甲士於晾鷹臺明珠豫布條教俾之演習及期軍容
整肅
聖祖諭今日陳列甚善可著爲令是年平南王尚可喜請徹

藩移遼東吳三桂耿精忠亦以是請下王大臣九卿等會議有謂三桂當久鎮雲南不可撤者與戶部尚書米思翰刑部尚書莫洛堅持宜撤遂以兩議上

詔從明珠等議十四年調吏部尚書十六年授武英殿大學士先是吳三桂反大學士索額圖謂因撤藩激變宜罪議撤諸臣

聖祖弗許及耿精忠降尚可信死吳逆殄滅

聖祖詔廷臣以前議撤藩惟明珠與米思翰莫洛爲能稱旨云二十一年王大臣等議耿精忠及其黨曾養性等二十餘人罪狀擬如律

詔詢廷臣欲量予寬減明珠奏耿精忠罪浮於尚之信之信
縱酒行凶口出妄言精忠負恩謀反悖逆尤甚法在
不赦
詔又以逆黨多人尚宜矜釋奏惟陳夢雷金鏡田起蛟李學
詩可寬
聖祖仍命王大臣集議俱如明珠言於是陳夢雷四人免死
入旗爲奴耿精忠曾養性等咸伏誅是時
詔重修
太祖
太宗實錄及編纂

三朝聖訓
政治典訓
平定三逆方略
大清會典一統志明史皆爲總裁官兩遇
實錄告成加太子太傅晉太子太師二十七年御史郭琇疏
劾其與大學士余國柱背公營私諸款一凡閣中票
擬俱由明珠指揮輕重任意余國柱承其風旨即有
舛錯同官莫敢駁正
聖明時有詰責漫無省改即如陳紫芝參劾張汧疏內請議
處保舉之員

上面諭九卿應一體嚴處票擬竟不之及一明珠凡奉
諭旨或稱其賢則云由我力薦或稱其不善則云
上意不喜吾當從容挽救且任意增減以市恩立威而要結
羣心挾取貨賄至每日奏畢出中左門滿漢部院諸
臣及其腹心皆拱立以待密語移時
上意無不宣露部院衙門稍有關係之事必請命而行一明
珠連結黨羽滿洲則佛倫格斯特及其族姪富拉塔
錫珠等漢人之總攬者則余國柱結爲死黨寄以腹
心凡會議會推皆佛倫格斯特等把持國柱更爲之
囊橐惟命是聽一督撫藩臬缺出國柱等無不展轉

販鬻必索滿其欲而止是以督撫等官愈事剝削小
民重困今天下遭遇
聖主愛民如子而民間仍未給足皆貪官掊索以奉私門所
致也一康熙二十二年學道報滿後應陞學道之人
率往論價九卿選擇時公然承其風旨缺皆預定由
是學道亦多端取賄士風文教因之大壞一靳輔與
明珠余國柱交相固結每年河工糜費大半分肥所
題用河官多出指授是以極力庇護當下河初議開
時彼以爲必任靳輔欣然欲行九卿亦無異詞及
上欲別用人則以于成龍方膺

聖脊舉之必當
上旨而成龍官止臬司可以統攝於是議題議奏仍屬靳輔
此時未有阻撓意也及靳輔張大其事與成龍議不
合始一力阻撓皆由倚託大臣故敢如此一科道官
有內陞出差者明珠余國柱率皆居功要索至於考
選科道既與之訂約凡有所陳必先行請問由是言
官多受其牽制一明珠自知罪戾見人輒用柔顔甘
語百計款曲而陰行鷙害意毒謀險最忌者言官恐
發其姦當佛倫爲總憲時見御史李興謙屢奏稱
旨御史吳震方頗有參劾即令借事排陷聞者駭懼以上各

款但約略指參總之明珠智術足以彌縫罪惡又有

余國柱姦謀附和負

恩之罪罄竹難盡伏祈

霆威立加嚴譴天下人情無不欣暢疏奏

聖祖念平定三藩贊理軍務與有功罷其大學士餘降黜有

差而疏留中尋授內大臣二十九年裕親王福全統

兵征噶爾丹

命與領侍衞內大臣索額圖參贊軍務坐噶爾丹敗遁不行

追剿降四級留任三十五年

聖祖親征噶爾丹遣與左都御史于成龍督運西路軍餉尋

以噶爾丹敗遁班師明年
聖祖復親征扈從至甯夏奉
命撥駝運餉又偕大學士黃茂齋金頒賞鄂爾多斯從征兵
士師還復原級四十三年
命與內大臣阿密達賑山東河南流民就食京師者四十七
年以疾卒年七十有四
聖祖遣皇子奠茶酒
賜祭葬如故事子揆敘自有傳成德字容若後更名性德稱
者仍從其初年十九舉康熙十二年進士官侍衛故
精騎射嘗扈從出塞及

南巡非所好也時謝病家居與遊多知名士風裁玉立媚吟詠尤工倚聲世稱其令曲勝於漫序得李後主眞派焉又家世貴盛每一出車服輿馬麗都所至禮下之見者疑神仙中人善無錫顧舍人貞觀而吳江吳兆騫謫戍甯古塔得

賜環與有力焉早卒著有通志堂集飲水詩詞集又彙刊唐宋以來說經之書曰通志堂經解凡數千卷自所著周易粹言八十卷禮記集註考誤三卷亦附入其後

皇清經解續經解並因之故論者謂非僅以詞章者家名也且有功經學

揆敘字愷功初任佐領康熙三十五年由二等侍衛
特授翰林院侍讀明年充
日講起居注官三十九年遷侍讀學士四十一年冬扈
從至德州旣
駐蹕與學士陳元龍等奉
召入行宮
命各呈所書字
諭以臨摹之法諸臣請賜
御書
御書大字示之尋擢翰林院掌院學士兼禮部侍郎明年

命册封朝鮮王妃還教習庶吉士充
經筵講官四十七年遷工部右侍郎其冬
聖祖以皇太子既廢
召滿漢文武大臣集
暢春園
詔卽諸皇子中舉奏一人諸臣莫敢言揆敘與領侍衞內大
臣阿靈阿散秩大臣鄂倫岱尚書王鴻緒議示意諸
大臣書八阿哥三字於紙入奏
命再盡心詳議明年春復
召諸大臣

詰先舉允禩者爲誰諸臣莫敢對
詰再四羣指都統侯巴琿岱
聖祖曰朕知之矣此事必佟國維馬齊以當舉允禩示意於
衆衆乃依阿立議耳馬齊奏實不知
聖祖復問大學士張玉書玉書奏會議日大學士馬齊先臣
到班臣問所舉爲誰答云衆意欲舉允禩遂相與奏
聞於是
命罷馬齊職
詰責佟國維五十年擢敘轉工部左侍郎明年遷都察院左
都御史仍掌翰林院事五十三年疏請禁小報曰近

聞各省提塘及刷寫報文者除科鈔外將大小事件采聽寫錄名曰小報任意揑造駭人耳目請嚴行禁止庶好事不端之人有所畏懼下部議行揆敘蓋知民可使由之及不見異物而遷焉閑其步趨必一其耳目乃小報所濫觴有什百千萬之者且視爲固然又軍國秘議廷臣或未及知他邦已輸於誰何而逆爲之所機事不密則害成可弗愼哉五十六年卒

賜祭葬如例謚曰文端初皇太子之廢儲位久虛檢討滿洲朱天保憂之具疏略言皇太子雖以疾廢其失由左右非人習於驕抗若遺碩儒名臣輔導之漸德日彰

猶可復問
安視膳之事儲位重大未可輕移恐生藩臣覬覦則
天家骨肉之禍有不可勝言者疏入
聖祖欲皺久之阿靈阿進曰朱天保之疏希異日寵榮耳
聖祖大怒遂置之法其父兵部侍郎朱爾訥亦荷校死
固三泰姓納喇氏葉赫貝勒錦台什族人蓋疏矣不
知於德勒格爾何輩行
太祖時率屬來歸任佐領尚主封固倫額駙後隸滿洲鑲藍
旗從征明廣甯單騎馳入敵陣縱横盪決被數創戰
愈力大軍繼之遂敗敵兵

特予男爵
太宗嗣統設八大臣以本旗都統與其列天聰元年隨大貝
勒阿敏征朝鮮有功逾月凱旋
太宗郊勞之優以殊禮三年
太宗親統大軍攻明遵化固三泰以本旗兵自城西南隅拔
之明年大軍取永平明兵潰走昌黎
太宗遣敖漢奈曼巴林扎魯特兵攻其城不克
命同都統達爾漢等率兵往助壽以城守堅
命撤兵因焚近城廬舍而還復受
方略征明灤州先令參領高鴻中庫爾禪以二十八誘敵啟

門大軍突入遂克之籍其倉庫金穀以
聞五年
太宗幸文館閱館臣達海所譯武經因
詔羣臣曰古來爲將帥者必體恤士卒朕聞額駙固三泰與
敵交鋒士卒戰死者輒繩繫其足曳歸輕蔑士卒若此何
以得其死力請以不能鈐束士卒不諳機務
命解都統任九年
詔免功臣徭役與焉並增
賜人戶俾專管佐領事
世祖定鼎燕京

加恩優賚尋卒子明阿圖初任佐領大兵入山海關以署副
都統爲軍殿有功順治二年予雲騎尉世職任都察
院理事官四年考滿晉騎都尉六年
特授本旗蒙古副都統兩遇
恩詔晉輕車都尉八年卒長子闞柱襲次子賽弼翰初爲簡
親王濟度護衞康熙四年授護軍參領十三年隨護
軍統領瑚哩布討逆藩吳三桂由陝西進軍四川攻
克陽平朝天兩關趨保甯叛鎭吳之茂王輔臣等遏
餉道乃退駐西安十四年隨瑚哩布攻復秦州明年
王輔臣降師旋被

優賚十七年鄭錦犯福建陷海澄長泰
詔增遣八旗兵赴福建以賚塔翰爲營長同諸參領率之往
明年錦將劉國軒吴淑何祐等犯漳州結壘郭塘歐
溪頭進奪江東橋隨平南將軍賚塔逆戰連挫之毀
其壘斬馘無算二十年隨賚塔由廣西趨雲南討逆
孽吴世璠敗賊將何繼祖等於石門坎黄草壩遂與
四川貴州兩路軍會平定雲南二十二年擢本旗嵩
古副都統二十四年調滿洲副都統論功授騎都尉
世職二十九年卒
賜祭葬如故事

瑚什布姓納喇氏亦錦台什族人
太祖時來歸任佐領後隸滿洲鑲藍旗大貝勒代善所屬阿
山阿達海自負材武未見任用率屬他往瑚什布隨
貝勒阿敏追之射殪阿山二子旣阿山阿達海入明
邊無所遇久之仍來歸瑚什布尋任侍衞兼參領天
聰二年從征通古索爾和部身被七創戰益力卒斬
其渠率論功予騎都尉世職八年從征明大同偕前
鋒統領圖魯什等擊敗其總兵祖大弼軍進攻萬全
左衞其總兵曹文詔遣軍迎戰設伏要擊擒四人斬
三十餘級九年擢本旗蒙古都統崇德元年隨武英

郡王阿濟格征明越燕京攻定興縣克之師還坐出
邊時不束步伍又不嚴後殿士卒十人削世職罷都
統專任佐領仍罰鍰三年授理藩院副理事官順治
四年復世職三遇
恩詔晉二等輕車都尉未幾卒子泰庫襲次子穆徹納順治
三年以護軍校隨豫親王多鐸討叛人騰機思擊敗
喀爾喀兵擢護軍參領六年隨英親王阿濟格征大
同叛鎮姜瓖擊僞總兵劉偉思敗之進攻甯武關賊
將宣孟臣來援偕護軍統領藍拜擊敗其衆又敗賊
吳家峪十一年隨靖南將軍珠瑪喇征廣東與李定

國戰新會勝之初以本官三遇
恩詔予世職騎都尉兼一雲騎尉至是論功晉輕車都尉十
三年卒子薩爾圖襲
阿什達爾漢姓納喇氏後隸滿洲正白旗葉赫貝勒
錦台什從弟　滿洲名臣傳謂錦台什族兄弟之子
開國方略錦台什語我使云汝
皇子四貝勒我妹所生八旗滿洲氏族通譜稱
阿什達爾漢爲　孝慈高皇后弟屬而傳亦云
太宗諸舅則族子
之說殆誤據二書正之
太宗諸舅也
太祖初年滅葉赫率所屬來歸授佐領天命六年從征明圍
攻奉積堡鼓而進八旗諸將無出其前者進攻遼陽

城叉先登克之論功授一等輕車都尉世職
賜敕免死一次
太宗嗣位
命典外藩蒙古事嘗奉使朝鮮並齎
敕諭歸附蒙古諸部稱
旨天聰六年明遣使議和
太宗命與文臣白格龍什等報之議既定誓告
天地其辭曰明與滿洲二國共圖和好謹以白馬烏牛誓告
天地若明先敗盟
天地厭之統絕國亡若滿洲先敗盟

天地亦厭之統絕國亡兩國若遵守誓言永以和好
天地眷佑世世子孫長享太平盟畢燔其書明使以和好禮
成賚黃金五十兩銀五百兩蟒緞五百疋布千疋爲
盟辭之勝既歸白格以與龍什等私取明餽遺事奏
聞
詔奪所取入官七年隨貝勒濟爾哈朗薩哈璘鞫獄蒙古部
所賚
敕諭二十道失其九所司奏劾論罰壽宣布
欽定律令於蒙古諸部八年奉
命徵兵科爾沁會大兵於宣府左衛時

太宗親征察哈爾其汗林丹遁走海上殂於道所部潰散其
屬額爾德尼（與姓納喇氏者同名）囊蘇等率衆來降
命與前鋒統領吳拜等挈額爾德尼囊蘇往偵林丹子額哲
去就以其台吉塞冷等還奏曰察哈爾大臣若祁他
等率千人而來者踵相接也旋
命至春科爾大會蒙古諸部分畫牧地使各守封疆復與諸
貝勒訊獄定罪還報稱
旨令專一佐領事九年隨貝勒多爾袞等率兵萬人往收察
哈爾汗林丹子額哲師抵托里圖貝勒等遵
太宗所授方略遣借其族孫護軍統領南褚先詣額哲母營

額哲母南褚女兒而阿什達爾漢族孫女也旣見說之降額哲遂從其母舉部來歸先是我軍未至有鄂爾多斯濟農圖巴者來招額哲與盟而去察知其事慮有反覆追濟農圖巴羈留之令還察哈爾所以貨鄂爾多斯者隳其好又率兵略明宣大界至山西多所俘獲凱旋

太宗親迎勞焉崇德元年授都察院承政

太宗御崇政殿侍臣巴圖魯詹額爾克戴青後至廷責之曰爾扈從臣也乃不肅先入侍叱出之於是臺綱舉而百僚亦識所職守旋偕文臣希福往察哈爾喀爾喀

科爾沁部明刑申禁其冬從征朝鮮國王李倧走南漢城豫親王多鐸率師追圍之其巡撫合兵萬八千來援分樹二柵悉衆出戰偕貝子碩託率驍鋭逆擊大破其軍其副將以兵五千營山麓爲聲援者遣百人沿河下覘馳殲之復攻其營餘衆皆潰明年正月李倧降論功晉男爵世襲會遣大臣往科爾沁巴林扎魯特喀喇沁土默特等部頒

赦詔並會諸外藩清理刑獄

命爲正使三年部議以前往科爾沁部察審失實且於諸藩貝勒有所受應削職

詔寬貰解任追所受入官俄復任都察院承政五年與參政
祖可法等疏陳時事畧曰
皇上欲恢張治道深思篤行之今諸國景附
朝廷清明而諸王以下至都統彼此觀望顧念身家莫
肯精白一心爲
國陳奏不知果無可言耶抑有所畏忌而不敢言耶夫
刑法者所以防民之姦也歆於法則罹於刑此不可
宥也今刑部斷獄不依本律或從重論輒削其職臣
思諸臣經戰陳出死力
恩授一官一旦有過其可不論重輕而遽革之乎先所簡選

議事十八既不稱任卽宜罷之又故事職官陳亡者
子孫襲兵士陳亡者妻受賞今未盡行惟
聖主裁察疏入
太宗嘉納之六年大軍攻明錦州其經略洪承疇集眾來援
陳師松山
太宗親統大軍擊之明師宵遁
太宗合眾圍松山明總兵曹變蛟營乳峯山堅壁不出一夜
棄山寨率步騎直犯我中軍入
御營時右翼大臣侍衛等俱未歸伍軍中大驚將士以死禦
之始退

太宗以其爲故舊大臣受心膂寄宜常侍左右是夜反安處
帳中不至
御前防護斥歸本旗七年論松山失律諸臣罪罷承政降世
職爲騎都尉尋以疾卒年六十三子三席達禮襲世
職阿什達爾漢逮事
本朝戰陳有勇且時昌言其初則亡國奇也豈亦若百
里奚之愚於虞而智於秦耶用不用耳當是之時諸
部若烏喇輝發哈達暨葉赫各舊人低首下心入爲
臣僕粥粥若無能洎乎佐
定天下野戰攻城又毅然以才武見覩阿什達爾漢將毋同

然則有國家者其可使累世所畜淪於草澤留爲他人資驅除耶席達禮初任佐領天聰三年從征明燕京五年從攻明大淩河城六年從征明先覘大同並有所獲其夏從征察哈爾偕副都統雅賴以二十人先驅敵伏兵三百竟擊敗之崇德元年從征朝鮮戰勝桃山村三年從貝勒博洛征明擊其內監馮永盛兵五年同都統圖爾格圍明錦州並有功既襲父職兼一雲騎尉順治四年擢理藩院侍郎仍管佐領事晉世職輕車都尉七年遇

恩詔晉世職二等坐事仍降如故又再遇

恩詔晉世職一等加太子太保康熙三年卒
賜祭葬如典禮其族人先阿什達爾漢歸
命者曰蘇納
蘇納當
太祖肇業初卽棄兄弟來歸
命尙主爲額駙編所屬人户任佐領亦隸滿洲正白旗天命
四年
太祖既滅葉赫
命收其親屬悉領之蘇納於葉赫屬則疏矣又預識
天眷所在爲武庚不可爲王㚟不必事近微子而知幾爲尤

先用是克保其宗世祀亦不墜此不得與反顏事讐
者同類而共笑之也十年授參領數從征伐有功
賜敕免死四次尋擢副都統天聰元年
太宗親征明錦州以大貝勒莽古爾泰等別率師衛塔山運
道
命蘇納統八旗蒙古精兵扼塔山西路敵兵二千來窺饟
逆戰敗之乘勝追擊俘斬無算獲馬百五十餘
賜所俘獲以犒其軍三年同都統武納格率精兵八千及蒙
古軍征察哈爾降其邊境二千戸既聞降者謀叛歸
明於是悉誅其男子釋二台吉俘婦女八千有奇還

以所獲
頒賜從征將士有差旋有
旨責其殺降奪所給牲畜尋以蒙古八有自察哈爾逃入明
者奏
命同武納格以百騎追躡捕獲如其數驅馬駝牛羊以歸五
年授護軍統領擢兵部承政從征明大淩河城擊敵
兵出戰者並錦州援兵悉敗之論功授騎都尉世職
八年考滿晉世職輕車都尉
命免徭役專管佐領九年坐隱匿丁壯削世職旋授正白旗
蒙古都統崇德元年隨武英郡王阿濟格征明攻雕

鶚長安諸嶺及昌平等城五十六戰皆勝又偕步軍統領薩穆什喀攻容城縣克之比還以先衆出邊致後隊爲敵所敗坐奪俘獲罰鍰從征朝鮮其邊將率步騎千餘來援偕副都統吳塔齊等要擊大敗之陳擒其將二年法司議朝鮮國王朝謁時亂班釋甲又擅離大軍徑歸坐罰鍰三年以都統阿山之子塞赫爲正藍旗洪科訐其臨陳退避鞫訊不實徇洪科證其事坐罰鍰罷都統任仍專管佐領事順治五年以疾卒

世祖念爲勞績舊臣追復世職子蘇克薩哈時亦累功授騎

都尉世職令並襲之
蘇克薩哈初署佐領崇德六年從鄭親王濟爾哈朗
圍明錦州敵兵出戰敗之
太宗聞明經略洪承疇以兵十三萬赴援
親統大軍至環松山列營敵兵遁走同護軍統領漢岱追敗
其衆於塔山翼日又追擊於海岸從豫親王多鐸設
伏擊斬杏山兵之潛遁者論功授騎都尉世職順治
元年從入關二年晉世職輕車都尉五年父蘇納卒
世祖念其於
太祖

太宗朝屢著功績坐事削輕車都尉世職
特詔復之以蘇克薩哈並襲爲男爵八年列議政大臣九年
再遇
恩詔晉男爵一等兼一雲騎尉睿親王多爾衮薨於獵所故
隸其屬下因與王府護衛詹岱等首其殯服違制及
謀遷永平諸逆狀
命諸王大臣質訊皆實論如謀逆律擢鑲白旗將軍統領十
年流賊張獻忠餘黨孫可望竄湖廣奉
命同甯南靖寇大將軍陳泰等率禁旅出鎮湖南與經略洪
承疇合師進剿十二年賊帥劉文秀與盧明臣馮雙

禮等水陸六萬分犯岳州武昌常德我軍六戰皆捷
雙禮被創遁明臣赴水死文秀走貴州事詳陳泰傳
明年論功晉一等子爵任領侍衛內大臣加太子太
保十八年正月與索尼及遏必隆鼇拜受
顧命爲輔政大臣奉
聖祖嗣統索尼故
四朝舊臣遏必隆鼇拜皆以公爵先蘇克薩哈爲內大臣鼇
拜功尤多意氣陵轢人尤憚之蘇克薩哈以額駙子
入侍
禁廷承

恩眷奉
遺詔輔政名亞索尼與鼇拜稱姻婭而論事多與之迕積以
成讐索尼亦惡蘇克薩哈會鼇拜欲令鑲黃旗與正
白旗互易屯莊索尼贊成之遏必隆不能止於是圈
換令下旗民皆不便康熙五年大學士兼管户部尚
書蘇納海坐撥地遲誤總督朱昌祚坐阻撓罪皆論
死
聖祖覽部議
召詢羣臣僉曰宜如議獨蘇克薩哈不對
聖祖因不允鼇拜卒矯

詔並予棄市未幾索尼死鼇拜益恣蘇克薩哈以力不能遏
居常怏怏六年
聖祖親政
詔議加
恩輔臣以示酬庸之典因奏言臣才庸識淺蒙
先皇帝眷遇拔授內大臣早夜悚懼恐負
大恩當
先皇帝上賓之時惟願身殉以盡愚悃不意恭承
遺詔列於輔臣分不獲死以蒙昧餘生勉竭心力以圖報稱
不幸年來身攖重疾不能始終效力於

皇上之前此臣罪無可逭者也玆遇
皇上躬親大政伏祈
睿鑒令臣往守
先帝陵寢如綫餘息得以生全則臣仰報
皇上豢育之微忱亦可以稍盡矣疏上
詔下議政王貝勒大臣曰蘇克薩哈奏請守
陵如綫餘息得以生全不識有何逼迫之處在此何以不得
生守
陵何以得生其會議具奏王貝勒等以大臣怨望奏請逮治
鼇拜與其黨大學士班布爾善等謂其不欲歸政文

致之搆罪二十四坐姦詐欺飾存畜異心論如大逆
應與其長子內大臣查克旦皆磔死餘子侍衛穗黑
塞黑里郎中那賽塞克精額達器德器孫侉克札兄
弟之子圖爾泰海蘭皆斬決籍沒族人前鋒統領白
爾赫圖侍衛額爾德烏爾巴皆斬決獄具入奏
聖祖知鼇拜素與有隙搆成其罪
詔所議未當卻其奏鼇拜攘臂
聖祖前强奏累日卒坐蘇克薩哈處絞餘悉如議八年鼇拜
敗
詔曰蘇克薩哈雖有罪不至誅滅子孫此皆鼇拜挾讐傾陷

深爲可閔白爾赫圖等無罪誅戮亦殊冤枉其蘇克薩哈及白爾赫圖等官俱應給還尋復蘇克薩哈原官及子爵

命其幼子蘇常壽襲之

白爾赫圖於蘇克薩哈蓋疏屬也徒以功多爲納喇氏之望鼇拜忮焉故連坐時尤冤之初以前鋒校累功授兵部副理事官崇德六年從睿親王多爾衮圍明錦州敵出犯我左翼偕前鋒參領鄂碩戰卻之又擊敗杏山敵騎六年偕前鋒統領吳拜參領瑚密色等數擊敗明經略洪承疇兵於松杏兩山間明年自錦州分兵略甯遠所獲多任前鋒參領順治元年從

入山海關擊流賊李自成偽總兵唐通於一片石大敗之又連敗之安肅望都斬獲甚夥燕都既定從豫親王多鐸西勦自成破賊營者再攻克潼關明年移師江南徇蘇州擊走明巡撫楊文驄獲其船二十餘進征杭州擊敗明大學士馬士英之衆分兵徇湖州偕前鋒侍衛安泰圖色等攻下之三年從端重親王博洛敗敵於金華八步嶺進定福建五年從鄭親王濟爾哈朗征湖南以本旗前鋒破敵湘潭進軍寶慶敵衆迎戰偕都統拜音岱擊敗之克其東門敵於城外結九營將復來犯敵負水而陳力戰久之潰溺水

死者無算尋自武岡進征沅州數敗敵敵遁進定全
州其擢鋒而前連所攻破則明桂王朱由榔之總兵
王進才馬進忠袁宗第也凱旋被
優賚八年隨都統阿喇善征山東土賊至沂州攻破蒼山賊
斬賊首劉進張齊又搜討附近山寨斬賊首趙三元
楊大成應科等明年改護軍參領累功予騎都尉世
職兼一雲騎尉三遇
恩詔晉一等輕車都尉十三年擢前鋒統領十五年隨信郡
王多尼征貴州時桂王朱由榔據雲南令其將李定
國白文選劉正國竇名望等扼貴州要隘大軍至安

莊衛正國以衆迎戰偕護軍統領布葉錫禮擊敗其
衆斬正國於響水橋先驅渡盤江會大軍克雲南城
明年以所部進攻玉龍關文選引去追擊敗之獲其
鞏昌王金印象三馬百四十擒總兵呂三貴大軍取
永昌府渡潞江定國設伏磨盤山我前鋒既深入伏
起下馬據石立連發三矢殪三人皆洞餘衆皇駭會
後軍繼至合擊殲之名望以木柵拒守率衆破之斬
名望進取騰越州定國文選奔由榔遠遁追逐踰南
甸而還信郡王班師偕都統卓羅留駐雲南定國既
走孟艮復圖內犯約降將高應鳳爲內應以由榔印

剳誘元江土司那嵩倡叛同卓羅率兵攻破其巢那嵩死斬應鳳於軍事詳卓羅傳十七年以在滇久著勞績

賜衣服鞍馬及金明年隨定西將軍愛星阿征由榔於緬甸既會師木邦先進至錫箔江支選毀橋遁結筏以濟大軍次舊挽坡以百人往蘭鳩江濱取緬甸所獻由榔及其親屬至軍凱旋康熙元年奉

詔同都統卓羅率前鋒軍還京論功晉一等男爵六年緣蘇克薩哈爲鼇拜所搆坐死八年昭雪之追復原官及一等男爵子白爾肯襲爵十年他子一等侍衛羅鐸

參領塞赫訴陳征雲南功抑於鼇拜未敘
詔下其事晉爵子並
賜葬如典禮謚曰忠勇
鄂莫克圖姓納喇氏世居葉赫不知其系於錦台什
遠近矣
太祖時來歸任護軍校後隸滿洲正藍旗天聰元年大軍征
朝鮮隨副都統阿山等攻克義州城夏從
太宗親征明甯遠其總兵滿桂於城東二里列陳以拒偕諸
將擊之殪敵無算三年隨貝勒岳託征明大同攻保
安州先登克其城

賜號巴圖魯積前功授輕車都尉世職任參領八年隨步軍統領巴奇蘭等征黑龍江虎爾哈部崇德二年隨都統葉克舒征卦爾察功並最明年授兵部理事官秋隨睿親王多爾衮征明自青山口毁邊牆入薄燕京敗其内監馮永盛兵攻克臨潼關略地至濟南府三年春班師偕敵心郎先還奏捷

太宗尋遣使與明議和

命同前鋒參領努山等率兵護之五年擢前鋒統領從圍明錦州其總兵祖大壽逆戰先諸將擊敗之逐北至城濠明經略洪承疇自松山來援爲大軍所敗要擊餘

衆於筆架山多所斬獲既而承疇集兵十三萬分據

杏山乳峯山

太宗亦親統師至營松杏兩山間斷敵糧道敵兵夜自杏山

遁而步兵走塔山先後邀擊並勝七年從圍杏山分

兵略甯遠多獲牲畜明總兵吳三桂以兵六百躡我

後擊卻之尋益兵來窺我營出戰大捷窮追至連山

乃還敵騎五十自沙河犯我牧地復往擊敵走逐之

並敗其援兵四百錦州既下晉世職二等順治元年

隨睿親王多爾袞入山海關擊流賊李自成追敗之

安肅及望都尋率前鋒兵徇山西殲流賊絳州渡口

明年隨英親王阿濟格征陝西破賊延安自成走湖
廣追之至安陸再敗之獲戰艦三十是年論入關功
晉世職一等三年隨肅親王豪格征張獻忠道出漢
中擊叛鎮賀珍敗之進勦獻忠於西充連破賊衆以
功兼一雲騎尉七年九年三遇
恩詔晉爵一等男十一年授本旗滿洲副都統越二年致仕
康熙十二年卒年七十有八
賜祭葬如故事子綽世琦襲爵而葉赫有日愛松古日喀山
並納喇氏其系亦未之詳也
愛松古姓納喇氏葉赫人天命四年來歸

太祖數從征伐後隸滿洲鑲白旗崇德四年

太宗命偕察漢喇嘛等赴明邊殺虎口互市尋

遣往科爾沁調敖漢奈曼扎魯特吳喇忒諸部兵征明三年

初設理藩院

命爲副理事官冬自歸化城導厄魯特部長墨爾根戴青來

歸四年

詔率巴林吳喇忒兵追捕逃人中途輒歸論死

命從寬責之仍供職六年從大軍圍松山明經略洪承疇遣

軍夜走理藩院官屬未偵報又不邀擊坐責仍罰鍰

順治元年擢任佐領隨都統葉臣等征山西流賊李

自成西遁僞伯陳永福據太原以紅衣礮攻之城圮
永福挾衆突出以蒙古兵迎戰多所斬馘獲馬千餘
又追敗賊將馬驥於黃河獲舟十有五明年隨都統
巴哈納進圍延安賊悉步騎出犯擊卻之復以入騎
躡自成獲其孥三年蘇尼特部騰機思等率所屬叛
奔喀爾喀豫親王多鐸奉
命集兵克魯倫河進討愛松古率前鋒兵扼險以待大軍騰
機思遁隨侍郎尼堪副都統明安達理乘夜追擊獲
其輜重斬台吉茂海遂渡圖喇河而喀爾喀汗土謝
圖以兵二萬來拒隨鎮國將軍瓦克達等進戰敗其

騎兵逐北三十餘里以功予雲騎尉世職五年
命以蒙古兵六百駐防太原涇陽叛賊李陽糾衆二千來犯
擊敗其衆斬李陽又擊敗叛賊王享明於交城是時
叛鎭姜瓖據大同賊黨劉遷以衆萬餘將犯代州與
瓖犄角聞報疾率所部馳入代州偕遊擊高國棟以
守俄而遷薄城下樹雲梯將乘城禦之陴上斬賊三
百獲梯九賊益兵掘城城上矢石雜下賊多死遷走
繁峙明年賊潛來犯姦徒啟外郛門應之仍攖城固
守十數日端重親王博洛以兵來援擊敗圍賊斬其
渠郭芳遷遁亦引軍還太原而瓖黨十餘萬尋由清

源來犯輿巡撫祝世昌議賊勢盛宜據險扼之毋令
至城下乃分遣將士赴清源徐溝遏賊會端重親王
援師至自晉陽賊衆敗竄七年論功兼遇
恩詔晉騎都尉世職兼一雲騎尉洊擢本旗蒙古副都統九
年再遇
恩詔晉二等輕車都尉流賊張獻忠餘黨孫可望等寇掠湖
南隨敬謹親王往征師至衡州王没於陳以没大將
例降世職爲騎都尉兼一雲騎尉十六年致仕康熙
十四年卒
賜祭葬如故事子納青初以三等侍衛於順治十六年從征

鄭成功至廈門先卒於軍孫瑪爾繼襲世職
喀山姓納喇氏世居葉赫部之蘇完當葉赫未滅挈
家屬來歸
太祖材之授佐領後隸滿洲鑲藍旗從取明瀋陽遼陽並有
功授輕車都尉世職天命九年明總兵毛文龍遣三
守備率兵百來奪額駙康克禮屯莊以所部禦之斬
守備二殲其衆天聰六年從征察哈爾部偕前鋒參
領勞薩參領吳拜等率精銳先驅察哈爾汗林丹遁
去八年追論覆毛文龍部衆功晉男爵尋以目失明
辭佐領順治二年

世祖念其舊勞晉爵一等七年九年三遇
恩詔晉爵二等子十二年卒
賜祭葬如故事謚曰敏壯於墓道立碑子納海襲爵自有傳
而先葉赫未滅來歸隸滿洲正白旗者曰阿布岱舊
失其氏
太祖初以功任佐領授騎都尉世職列十六大臣從破烏喇
及征明遼東廣甯天聰七年從擊察哈爾部十年從
征朝鮮並有功晉世職輕車都尉後坐事仍降爲騎
都尉
納海初以父病目奉

命代管佐領尋授前鋒參領天聰八年從征明大同偕參領席特庫等率四十人擊陽和敵騎敗之斬級二百獲馬六十餘仍設伏宣府擒敵哨騎九年大軍復征大同奉
命駐兵上都城舊址偵報軍事與奏捷使者偕還尋同參領鄂莫克圖等齎書
諭明喜峯口潘家口董家口諸守將及還斬其邊界哨卒百數崇德二年偕席特庫齎書
諭明總兵祖大壽自廣甯入邊擒哨卒十二斬其九縱二人使齎

敕書至錦州以其一還四年隨武英郡王阿濟格征明錦州
還奏所攻獲仍從
太宗親征至松山敵兵迎戰擊卻之祖大壽遣兵自甯遠來
援乘船趨杏山將入城偕前鋒參領瑚密色索渾率
兵襲擊其後斬五十人獲甲四十及船一旋與瑚密
色出杏山獲牛三十九羊三百餘復與前鋒統領席
特庫於錦州郊外獲敵樵採者二十二人及牲畜無
算明年大軍圍錦州敵出城築臺偕前鋒參領色赫
布丹蘇爾德擊斬四十人又要斬出城刈草者四十
二人既而敵以三百騎一再來犯並擊卻之尋與色

赫往小淩河遇祖大壽所遣蒙古十七人自錦州至皆斬焉六年明經略洪承疇集援兵次松山偕前鋒統領吳拜擊敗其騎兵
太宗統師親征駐松山敵犯我前鋒營偕諸參領合擊敵卻去既而敵自杏山走塔山率兵邀擊追至筆架山斬級四百擒二十八人獲馬二百餘搴纛六明年錦州下累功予雲騎尉世職署前鋒統領隨貝勒阿巴泰征明自黃崖口入長城趨薊州明總兵白騰蛟白廣恩迎戰擊敗之遂略地山東明年凱旋以不俟左翼軍先出邊右翼諸將並停敘功

世祖定鼎後三遇
恩詔晉世職輕車都尉父喀山卒襲二等子爵併爲二等伯
順治十七年卒弟納泰襲爵

吉林通志卷九十五

人物志二十四 國朝九

達音布 子岱袞　阿濟格尼堪

伊理布　英俄爾岱

薩弼圖　博爾輝 弟僧機　譚拜

瑪爾賽　阿蘭珠 弟布爾堪　承順

西喇布　馬喇希　博爾晉

特錦 從子瑪沁 族子瑚蘭　察瑪海　巴篤哩

卓羅　瑪哈達　蒙阿圖

達音布姓他塔喇氏世居扎庫木天命初來歸

太祖後隸滿洲正白旗於締造諸勳臣比功校績初無以加

而殉疆埸者三世追昂安戰蒙古厄爾格勒而陳沒

者達音布也一等侍衛戰錦州陳沒贈騎都尉世職

曰岱衮者其子也都統議政大臣參贊軍務討逆將

軍征吳三桂戰永興陳沒曰伊理布謚武壯者其孫

也祖父子孫激於

國恩之厚家法之忠迭以死報蓋亦諸勳臣所難哉而

念舊人以大酬庸之義盟諸帶礪及乎苗裔抑豈無謂也哉

達音布以佐領從

太祖征伐輒爲前鋒多所斬獲積功授騎都尉世職時諸部

歸順者爲蒙古所誘復逃去偕副都統楞額禮率兵
追至達岱塔擊蒙古兵敗之俘逃人七百有奇六年
從
太祖征明奉集堡先驅擒斬偵諜殆盡敵無備猝擊敗其衆
累功晉世職輕車都尉先是蒙古扎魯特貝勒昂安
執我使臣送葉赫殺之又數遣兵要劫我人民纂奪
我牲畜八年
太祖命貝勒阿巴泰等統兵三千討之而達音布爲前鋒統
領以精騎五十乘夜渡遼河疾馳踰昂安所屬厄爾
格勒百餘里得其巢與參領雅布禪侍衛博爾晉合

兵擣之昂安以二十餘人挽牛車載妻子遁急與雅希禪等引三十餘騎馳躡之旣及昂安直趨達音布達音布迎搏之不支去引弓抽矢將射之昂安從者突以槍仰刺達音布格以弓而槍已自口入墮馬創甚死雅希禪等縱騎擊之斬昂安盡殲其衆師旋

恩卹如故事長子阿哈尼堪與姓富察氏者同名襲世職卒無嗣天聰

八年

太宗追錄勳臣

賜敕以次子阿濟格尼堪襲自有傳而第三子岱袞

國家有征伐輒與焉戰比有功崇德七年從攻明經略

洪承疇營卒力戰以殉所謂一等侍衞戰錦州陳沒贈騎都尉世職者也達音布從子英俄爾岱材兼文武有雅量析五等爵爲公亦自有傳

阿濟格尼堪襲父達音布輕車都尉世職任參領從
太宗征察哈爾遂由大同入明邊偕護軍統領雅賴擊明兵於崞縣敗之復偕參領阿爾津覘敵山海關有斬獲
崇德元年從
太宗征朝鮮遇明甯遠守邊兵進戰勝焉三年從貝勒岳託征明於燕京破總兵侯世祿軍追斬其護印者獲印與馬四年擢護軍統領從肅親王豪格攻明錦州設

伏於連山獲兵馬十數六年復從鄭親王濟爾哈朗
圍錦州以七十人設伏敗敵援兵進攻杏山擁纛躪
敵營直入敵衆大潰又攻克錦州外郛擊其松山兵
再戰再勝
太宗以阿濟格尼堪年少數破敵
賜銀四百兩晉世職一等俄明經略洪承疇集諸鎮兵援錦
州以松杏兩山閒爲運道
太宗統大軍營而截之其總兵吳三桂唐通等潛遁
太宗召授方略與護軍統領鼇拜等追擊大破之八年
命駐防錦州旣偕征明甯遠鄭親王濟爾哈朗攻取中後所

前屯衞阿濟格尼堪率所部及蒙古兵攻中前所總兵黃色遁拔其城又追捕城中逸出者皆獲之論功兼一雲騎尉順治元年從入山海關率護軍破流賊李自成又追敗之望都晉一等男爵旋從豫親王多鐸追勦自成取道河南渡孟津薄潼關賊鑿重濠自衞賊將劉方亮以衆千餘來犯同護軍統領圖賴阿爾津等力戰卻之至夜復犯正白旗護軍驍騎諸營立營牆禦賊甚力賊不能攻復卻去乘勢突出兵壓賊連破其二營冒矢石踰濠塹以所部先登城賊驚潰或降或竄大兵遂俱入關二年進征西安賊自商

州竄湖廣多鐸奉

命移師江南既至淮安遣率護軍趨揚州列營城北合親軍以紅衣礮攻克之獲戰艦二百餘渡江至江甯追明福王朱由崧於蕪湖敗其舟師晉爵為子三年從端重親王博洛定浙閩攻克金華衢州破仙霞關下建甯延平明唐王朱聿鍵走汀州偕護軍統領都爾德追擊至城下率驍健先登聿鍵死其總兵姜正希以眾二萬來援令諸將分道擊之斬馘過半明年凱旋晉子爵一等

賜敕予世襲罔替五年授正白旗滿洲都統六年以參贊大

臣偕鄭親王征湖廣是時明總督何騰蛟與總兵王進才馬進忠等據湖南郡邑而遥奉桂王朱由榔軍至長沙與兵部尚書阿哈尼堪率將士先驅拒者輒敗去次湘潭破北門直入敵衆潰奔騰蛟不屈死追潰衆至湘鄉殲之進趨寶慶距城七十里進才進忠迎戰我軍步騎番進且進且戰遂薄城東門進才等潛遁追敗之於沅州靖州進定全州七年班師

賜銀五百兩晉伯爵列議政大臣尋卒

賜祭葬如典禮謚勇敏十二年

詔立碑墓道紀其功子伊理布襲爵

伊理布阿濟格尼堪子祖達音布傳所稱都統議政大臣參贊軍務討逆將軍謚武壯者也崇德三年任兵部理事官順治八年襲父伯爵兼管佐領再遇
恩詔晉爵一等十七年擢刑部侍郎明年遷吏部時鄭成功據臺灣四出劫掠有言瀕海居民宜徙之內地者伊理布奉
命同尚書蘇納海赴江南浙江福建會勘定議還京擢正白旗蒙古都統康熙八年
命赴廣東會同總督盧崇峻勘海疆新移人戸安輯之尋調本旗滿洲都統列議政大臣十二年冬逆藩吳三桂

叛明年
聖祖命順承郡王勒爾錦統師討之伊理布參贊軍務旣至
荆州三桂據常德陷松滋襄陽總兵楊來嘉副將洪
福叛附三桂結山寨穀城鄖陽閒窺諸郡邑奉
詔守宜昌十四年來嘉等犯南漳順承郡王承
制授以討逆將軍印偕副都統根特往援師至賊遁旋犯均
州營武當山下督軍進擊陳斬僞副將參將及賊兵
千餘賊潰走已而三桂屯松滋北山於沿江集戰艦
將合水陸來犯
詔同都統范達禮防守襄陽均州南漳賊將張以誠合來嘉

等復寇南漳率勁旅會總督蔡毓榮夾擊大破之斬
三千餘級獲軍資無算十六年
詔率荊州駐防兵同征南將軍穆占由岳州進長沙恢復茶
陵賊遁攸縣督軍躡之賊憑河岸拒戰我軍奮擊陣
擒百餘人斬四千餘級進復攸縣城明年穆占復郴
州永興等城遂自駐郴州而永興尤賊所必爭伊理
布守之三桂果遣賊將馬寶胡國柱來逼犯我河外
營督軍逆戰不利遂一死之喪還
聖祖遣內大臣迎奠又
遣侍衛傳

諭其母曰伊理布時侍朕前深知其人及出師又著勞績方謂功成凱旋不久相見忽聞陳没不覺悽愴痛悼茲聞費用不給

特賜銀六百兩爲治喪資仍

賜祭葬如典禮謚曰武壯於墓道立碑焉子阿什坦襲爵

世宗時詔伊理布入祀昭忠祠蓋自其祖達音布諸父岱袞至伊理布他塔喇氏三世殉疆埸矣而達音布羣從薩弼圖薩弼圖弟博爾輝族子譚拜譚拜子瑪爾賽並他塔喇氏以功名著聞於時者各有傳

英俄爾岱初以戎卒顯職大司農十數年敏而能斷

其所釐定後多以爲法而資性和易履貴不驕卒之日諸王大臣弔者傾朝莫不嗟悼時以爲材兼文武有雅量云天命初界藩人犯境逆戰於薩爾滸破之四年從攻明開原有蒙古巴圖魯阿布爾者以驍勇聞降明爲邊將立陳前指麾衆頗憚焉英俄爾岱曰夫何能數盤其馬突縱之斬以歸六年克瀋陽授輕車都尉世職進擊明兵鐵嶺克遼陽晉世職二等天聰三年從

太宗征明克遵化等十一城進攻燕京留共文臣范文程守遵化是年我軍所下石門驛馬蘭峪三屯營大安口

及灤陽等城俱叛明兵夜至遵化攻甚力卒擊卻之
平旦敵騎兵列陳以待我師將出戰敵遽縱兵突入
我步軍營急麾衆圍而擊之敵退斬其殿後者遂以
夜遁躡其後殲騎兵百步卒千餘仍以書諭降諸城
五年授戶部承政七年奉
命使朝鮮責其王李倧倧上書謝八年晉世職一等察哈爾
林丹汗遁走所屬皆降
太宗命偕副都統布爾吉率師偵之値察哈爾來歸戶口千
餘因率其部長上
謁先是道遇察哈爾台吉布顏圖擁餘衆招之降不從誅二

百餘人俘獲甚夥還奏

賜所俘獲至是布顔圖衆三十人來奔稱前者餘衆欲降不

之允横見屠戮僅而以逃匿得生也

太宗怒追奪所賜尋以考滿晉男爵崇德元年八旗及蒙古

諸貝勒以

太宗功德日盛宜正位號咸謂朝鮮國王李倧當與斯議白

遣英俄爾岱及參政馬福塔尼堪率諸貝勒使者致書朝鮮

比至倧不見亦不納所致書陽令國人延居議政府

而潛以兵守之於是率諸使者奪民馬乘之突門出

走倧遣騎以報書追及而别以書戒其邊臣令固守

因並奪以
聞道遇明皮島兵遮我歸路擊走之二年從
太宗征朝鮮克其國都追圍李倧於南漢城
命與馬福塔齎
敕諭之倧感悟稱臣奉書降復承
旨送倧歸國都既齎
敕册封倧朝鮮國王歸授都統又奉
命往朝鮮義州詰倧罪六年睿親王多爾袞征明圍錦州其
經略洪承疇來援兵甚盛
太宗遣先率師往助旋

親征令營高橋與大軍犄角是年錦州及松山杏山皆下並
在軍有功中間連坐額駙佟養性嫁女用十六人爲
媵僕知而不阻都統鄂莫克圖爲貝勒豪格脅娶蒙
古台吉博洛女嘗與閣承政韓大勳盜取庫物疏於
稽查失察家人索借官商財物奉
詔丈量地畝道遇征明錦州軍離城遠駐不之止還朝不以
聞副都統布三以隱匿姦人下獄遇
赦令睿親王多爾衮約束爲私請往近邊牧馬處行走諸罪
太宗以盡心部務實有可嘉而辦事明決各部大臣多未逮
者或贖或免七年往朝鮮鞫獄還奏稱

旨八年考滿晉子爵順治元年從入山海關破流賊李自成定京師改承政爲尙書仍任戸部二年論前後功超授三等公三年請禁民閒私售軍械以杜盜源從之四年考滿晉公爵二等五年卒年五十有三故娶饒餘郡王女授多羅額駙筦戸部最久旣授都統仍攝部務卒時睿親王多爾袞攝政聞之夜半馳至其家哭之慟漏盡乃返以故朝臣無不往者子三伊圖襲公爵仕至內大臣

薩弼圖父沙津當

太祖時率眾來歸授佐領累官至都統或曰

太祖嘉其釐定法制
賜號沙金云及卒薩弼圖代管佐領
太宗材之授騎都尉世職兼任參領崇德四年從承政薩木
什喀索海征瑚爾哈部師至黑龍江俘健壯百數進
攻鐸陳阿沙津二城敵兵四百迎戰偕佐領卓布特
以勁卒九十踔入其陣短兵接斬五十人餘衆潰走
索倫部長博穆博果爾以兵來助瑚爾哈部偕副都
統伊遜等設伏邀擊斬七十八五年凱旋兼一雲騎
尉從圍明錦州刈其城西田禾敵自西北隅出兵以
礮遮擊率所部橫衝之敵卻走逐北抵城濠旣營松

山敵步兵掠過以伏大敗之旋守駱駝山城敵石山站兵二百餘來攻分道出擊殲之靡遺六年移兵逼錦州城而營跨壕作橋敵出樵採輒邀斬之翼日城中出兵攜火具將焚橋逆戰卻之既又步騎大集奪壕門迎斬其前鋒二人麾眾乘之敵遂潰時明經略洪承疇據松山以騎來劫我紅衣礮先眾出擊敗去又破其步兵營三論功晉世職輕車都尉擢本旗滿洲副都統七年隨貝勒阿巴泰征明由界嶺口毀邊牆入擊敗其總兵馬科轉戰至山東以雲梯攻克平度州城順治元年隨睿親王多爾袞入山海關督後

隊擊敗流賊李自成既定燕京偕都統葉臣巴哈納招撫山西自成黨陳永福據太原以衆出拒六戰皆敗之下其城移師陝西自成兒子錦據延安進薄其城七戰七捷會大軍潼關偕前鋒統領錫特庫攻自成賊寨破之累功並三遇
恩詔晉爵二等男任內大臣以年老致仕卒
賜祭葬如故事子果里襲爵
世祖嘗閱勳簿念薩弼圖功多加
賜一騎都尉俾他子噶布拉襲之弟博爾輝

博爾輝初以護軍校從征董夔有功天聰三年從

太宗征明由龍井關入攻遵化其總兵趙率教自山海關來
援迎斬其副將敵衆驚潰擢護軍參領兼戶部參政
五年從征明甯遠斬其前鋒七八人八年從征明大同
敵兵三千自龍門逆戰偕前鋒參領錫特庫佐領星
納等并力擊敗之略地數百里九年使朝鮮還從招
撫察哈爾部自歸化城入略明邊境師旋以二十人
殿敵右衞兵二百有奇突出邀截直前搏戰陳斬十
人獲一人敵遽退而正藍旗軍校格巴庫迫於敵及
幾及身矣馳援以出論功予騎都尉世職崇德三年
裁參政專任護軍參領順治元年兼刑部理事官從

入山海關擊敗流賊李自成晉二等輕車都尉署護
軍統領從順承郡王勒克德渾征湖廣先是自成敗
竄其黨馬進忠王進才降俄而復叛聚衆據岳州師
至武昌率兵往剿遇賊千餘掠臨湘擊斬略盡直趨
岳州進忠進才竄長沙追敗其衆僞副將黑運昌以
船二百降凱旋得
優賚授護軍統領列議政大臣論功並遇
恩詔晉二等男爵八年以舉發英親王阿濟格陰謀干政優
敘晉爵子初睿親王多爾袞攝政以端重親王博洛
敬謹親王尼堪理事專擅降爲郡王比睿親王卒博

爾輝與內大臣羅什並隨在喀喇城及還京以王有
遺言欲復兩郡王爲親王告兩黄旗大臣拜音圖譚
泰等旣又語兩郡王所屬曰吾曹以睿親王遺言告
兩黄旗大臣有日矣而遷延不即復殆兩黄旗大臣
阻之兩郡王以所聞語拜音圖譚泰等於朝曰此爲
我輩造釁耳譚泰謂諸大臣曰若非兩王發其姦豈
不令兩王銜吾儕而彼得遂其要結之私乎因共白
鄭親王濟爾哈朗王具以
聞事下王大臣會鞫以羅什博爾輝誣罔亂政應論死籍沒
詔每聞刑人朕輒不忍姑宥其死何如王大臣執奏如初於

是博爾輝羅什並寘於法羅什所喜有冷僧機者姓
納喇氏葉赫之滅歸隷正藍旗天聰初自首與大貝
勒莽古爾泰等逆謀得男爵告兵部參政穆爾泰私
逮繫都統都類令避暑他所得一等侍衞洊入內大
臣晉爵子睿親王多爾衮疾同貝子錫翰等請
世祖臨視坐降爵未幾復之尋晉一等伯睿親王薨以豫親
王多鐸子多爾博嗣奏言昔兩黄旗大臣誓立肅親
王豪格睿親王持之令於多爾博雖破格優遇未足
酬功又言羅什睿親王所厚宜寵異之而羅什亦爲
冷僧機要請

加恩羅什既得罪
詔詰所指誓立肅親王事詞窮坐死得
旨寬免及內大臣西訥布庫與錫翰等以罪逮訊復得其朋
比奸惡狀亦寘於法
譚拜父阿敦嘗從
太祖征撫順招降明遊擊李永芳累官至都統譚拜初任佐
領天聰五年從圍明大淩河城其總兵祖大壽遣百
餘騎突出來援偕護軍參領布顏圖追斬三十餘人
獲馬二十四六年從征察哈爾部師還與圖理濟伏
俟追兵已而果至起要之多所斬馘八年授騎都尉

世職兼任參領九年從招撫察哈爾部因略地明代州偕前鋒參領蘇爾德安達立以四十人伏忻口值敵哨卒三百人擊斬過半崇德元年從武英郡王阿濟格征明敗敵燕京城北又敗之蘆溝橋二年偕參領丹岱薩蘇喀等率護軍驍騎各四十略明邊境次清河敵兵七百人守之擊潰其衆搴纛二獲馬十數三年從貝勒岳託征明入牆子嶺薄豐潤縣城扼敵兵於城濠擊之殲墮無算其內監馮永盛等各以兵至又擊敗之四年從鄭親王濟爾哈朗以護軍破明兵錦州城南累功兼一雲騎尉授兵部參政兼任正

白旗蒙古副都統七年從貝勒阿巴泰征明山東三敗敵兵進攻利津縣克之明年出邊遇明總督趙光抃范志完總兵吳三桂白廣恩等邀戰以本旗兵進擊無能禦者凱旋晉輕車都尉

賜金順治元年從入山海關定燕京三年擢兵部尚書隨肅親王豪格征流賊張獻忠道出陜西偕都統馬喇希等擊敗叛鎮賀珍於雞頭關進兵四川數敗獻忠賊眾又偕都統李國翰渡涪江擊敗賊渠袁韜明年遷吏部尚書先是論入關定燕京功並以考滿兩晉世職爲一等及獻忠滅晉爲男爵遇

恩詔晉男爵二等七年卒子瑪爾賽
瑪爾賽既襲父男爵兩遇
恩詔晉男爵一等兼一雲騎尉十五年署副都統隨甯南大
將軍宗室羅託征貴州既定貴陽偕護軍統領科爾
崑擊走白文選取黄平州十六年旋師次荆州聞鄭
成功陷鎮江犯江甯偕副都統噶褚哈率兵循江下
援與駐防將軍哈哈木總督郎廷佐并力擊敗之復
追至鎮江成功擁餘衆入海去論功晉一等子康熙
元年授本旗滿洲副都統明年同將軍穆里瑪圖海
征湖廣流賊李來亨高必正等於茅麓山連戰皆捷

攻賊寨破之來亨自縊死必正率衆降六年擢工部
尚書尋調戶部七年兼蒙古都統時淮徐河隄數決
總河楊茂勳請於天妃閘外築壩逼黃引淮出俾黃
淮相敵以歸海給事中李宗孔請塞盱眙決口以防
淮流
聖祖命同刑部尚書明珠往江南會勘定議疏言興化縣白
駒場舊設四閘洩水由牛灣河入海後因禁海塡塞
水無所洩淹沒田畝宜卽疏濬仍置板以時啟閉則
淹沒無慮而居民亦不必遷移矣淸口爲黃淮交匯
漕運之要津黃水强則越淮水淮水弱則沙土得入

壅運道宜於黄河多濬引河以分其勢使沙逐水流
運道無阻又董口沙淤難行每歲修築徒費無益其
右有駱馬湖可通宜增築隄岸以爲縴道塞盱眙縣
翟家壩之北古溝鎮諸決口俾全淮盡由清口會黄
入海
詔如所議行初瑪爾賽與内大臣班布爾善並黨於輔政大
臣鼇拜遂引班布爾善爲大學士而欲以瑪爾賽爲
戸部尚書會有
旨擢任兵部侍郎瑪希納鼇拜疏援順治年間設滿洲尚書
二員故事以薦瑪爾賽旣任戸部與尚書王宏祚論

事覷覦不得自專適戶部有失察書役假印盜庫金事吏部旣議瑪爾賽王宏祚所坐援
恩詔寬免班布爾善獨票擬宏祚革任爲瑪爾賽洩忿八年瑪爾賽病卒得
旨予祭如例而鼇拜擅予謚忠敏未幾鼇拜班布爾善皆獲罪逮訊得瑪爾賽黨附狀論削官爵追繳
詔免追繳以所襲二等男爵予譚拜從孫佛保襲
阿蘭珠姓棟鄂氏世居瓦爾喀什後隸滿洲鑲紅旗父阿格巴顏初爲屯長
太祖征杭佳城時適在城中而守城者卽其妻父屬助己以

守曰以德誅亂宜也吾安能助亂而拒有德乎尋與

兄對齊巴顏以所屬來歸

太祖以對齊巴顏之子噶爾瑚濟與阿蘭珠並爲佐領分轄

所屬當是之時凡歸於

有德者誠哉如雲之贍如日之就而去故即新做離不免或

更爲他族所陵

太祖於來歸者即編屬其長不設猜防在彼無侵暴之虞在

我仍收齊一之效

聖人因事立制度越尋常所由肇有天下也

太祖征烏喇阿蘭珠怒馬陷陳縱橫盪決馬傷矣下馬步戰

溢厲死之

太祖追予輕車都尉世職以其弟布爾堪襲

世祖追論

太祖朝攄忠效命諸臣視一品大臣例

賜謚立碑阿蘭珠與焉謚曰順毅初

太祖設十札爾固齊阿蘭珠爲之冠扎爾固齊者猶之卿子

冠軍冠軍將軍與巴圖魯並材武之號而巴圖魯不

爲之限扎爾固齊獨限以十亦曰理事十大臣其尤

貴也十扎爾固齊若費英東若西喇布若巴篤里若

博爾晉並有傳若費英東功名顯著爲佐

命勳臣第一非材武獨異有幸不幸也至西喇布巴篤里乃
與阿蘭珠先後正命爲國殤矣烈士徇名不其然哉
布爾堪初任佐領尋兼參領天聰四年偕參領武賴
哈甯阿奉
命以百騎略明邊境道擒閒諜三人馳獻進渡大淩河斬級
四十餘俘獲百六十人八年重定各佐領所屬以瑚
爾哈新附百人增隸之尋駐防牛莊追獲蒙古逃人
晉世職二等崇德元年卒以兄阿蘭珠子坦泰襲坦
泰卒子圖哩襲三遇
恩詔晉世爵爲男

永順者阿蘭珠從弟也從歸
太祖任佐領予二等輕車都尉世職天聰三年擢本旗滿洲
都統從
太宗征明入龍井關進圍遵化八旗分八隅列陳永順率鑲
紅旗攻城西南督衆以雲梯克之明年從
太宗取永平命同都統達爾哈喀克都哩固三泰領兵千人
合敖漢奈曼巴林扎魯特諸部兵攻昌黎縣城城守
嚴固焚其近城廬舍而還時大軍已取灤州遷安二
城
太宗班師各留軍鎮守以永順隨貝勒阿敏碩託鎮守永平

既而灤州遵化爲明兵攻陷阿敏欲棄永平碩託及
都統圖爾格等並言不可獨與永順定議率衆出冷
口歸坐罷任革世職沒籍七年隨貝勒岳託攻明旅
順口冒礮石先衆進中數創仍奮身力戰以第一人
先登其城克之論功復世職崇德三年授副都統四
年偕承政索海等征索倫部多所俘獲明年凱旋
賚貂皮及人戶晋世職一等世襲罔替六年隨睿親王多爾
衮圍明錦州都統阿山分兵攻廣寗之山城偕索海
設伏要路敵自城潰遁無一脫者旋遇錦州兵三百
往小淩河畋獵擊斬九十二人未幾明經略洪承疇

集兵十三萬援錦州列營松山我軍分左右翼擊敗其步兵三營明年論功或言其當接戰墜馬獲他人之馬再戰本旗兵趨避左翼及右翼戰勝乃馳至共擊之永順以其誣欲焚楮設誓事

聞下部集質鑲紅旗避趨左翼屬實坐欺罔解副都統任罰贖順治七年八年三遇

恩詔晉爵至二等男九年卒子庚圖襲庚圖先以護軍參領從征有功得騎都尉世職至是合爲一等男兼一雲騎尉

西喇布世居完顏以地爲氏後隸滿洲鑲紅旗

太祖時率所部來歸任佐領性忠勇每從征伐常以其身翼
衛
太祖
賜號扎爾固齊富爾佳齊之役哈達西忒庫以矢連射叔貝
勒咫尺且洞遽蔦身當之中創卒
卹贈輕車都尉世職子噶祿襲從征沙嶺有功晉世職二等
卒無嗣次子馬喇希襲
世祖追念西喇布效命
太祖
賜謚順壯視一品大臣例於墓道立碑

馬喇希初以父功任佐領天聰九年
太宗命免功臣徭役馬喇希與焉崇德二年同都統葉克舒
等征卦勒察有功明年任刑部理事官旋擢蒙古副
都統四年授都統隨睿親王多爾袞圍明錦州坐事
罰贖復隨貝勒阿巴泰等征明奪黃崖口入長城數
敗敵兵七年坐承勘護軍統領噶布喇敗走罪狀任
其狡辯不能確審議罪
太宗命免之順治元年從入山海關破流賊李自成追擊至
望都又與都統阿山征陝西自蒲州渡河擊斬賊衆
論功晉世職一等兼一雲騎尉尋奉

命移師會豫親王多鐸南征二年自歸德渡河奪泗北淮河
橋明守泗總兵焚橋遁進至武岡寨與都統宗室拜
音圖以紅衣礮攻克之引兵而東擊敗明守將黄蜚
等步兵數萬於常州下宜興趨崑山遇明水師戰艦
擊破之會都統恩格圖等方列礮攻崑山縣城軍至
趨頹堞先登既拔進下常熟師旋晉爵爲男四年隨
肅親王豪格西征軍至漢中叛將賀珍遁西鄉縣偕
都統鼇拜分路躡擊及之於楚湖斬獲甚衆論功晉
男爵二等五年坐失勘冒功妄爭參領希爾根罪論
罰贖得

旨寬免會睿親王多爾衮出獵坐與都統噶達渾等私行射
獵鐫秩一等八年
世祖親政訟削秩冤
詔復職贈其父西喇布兼一雲騎尉兩遇
恩詔晉爵子九年奉
命偕定南將軍阿爾津平廣東旋調鎭漢中旣
命征湖廣辰常諸賊平之十一年卒
賜祭葬如故事謚曰忠僖子瑪爾漢襲爵
博爾晉完顏人即以爲氏後隸滿洲鑲紅旗十扎爾
固齊之一也

太宗時率戸口來歸即使以佐領轄之尋授侍衛果勇善射
從征富爾佳齊族弟西喇布以身蔽叔貝勒飲哈達
西忒庫兩矢博爾晉驟馬就拔之以一矢還射立殪
西忒庫天命六年
命監築薩爾滸城既竣從征明瀋陽敗其總兵賀世賢陳策
瀋陽既下進征遼陽其總兵李懷信侯世祿蔡國柱
姜弼董仲葵等率兵五萬於城東南五里拒戰我左
翼兵大敗之城中兵自西門出援
太祖先命留城旁偵之遂合兩紅旗兵夾擊敵兵既挫爭入
城自相蹂踐死者枕藉而左翼四旗兵已登城麾眾

繼之遂克其城復分兵攻沙嶺擊敗其廣甯援兵八
年扎魯特貝勒昂安數害我使臣肆掠牲畜以參領
與前鋒統領達音布參領雅希禪征之直薄其寨昂
安率眾拒戰達音布被創沒墳甚偕雅希禪戰益厲
竟陳斬昂安並其子俘獲甚眾凱旋被
優賚十年任副都統率兵二千征東海瑚爾哈部降其五百
戶以歸
太祖郊迎於渾河御帳殿宴勞之
太宗即位擢滿洲本旗都統天聰元年從征朝鮮朝鮮內附
其夏

太宗親圍明錦州博爾晋率兵自瀋陽至擊敗明兵追至甯
遠城下盡殪之旋以招撫蒙古瓦爾喀各部累前後
功授一等男爵尋卒以失去
敕書子孫不得承襲康熙三年次子特錦爲父奏請
賜碑事下禮部以無證據寢
聖祖特詔博爾晋於
太祖時在十扎爾固齊之列授爲都統勤勞素著可議加恩
於是
予謚忠直立碑墓道旌之
特錦由佐領以功授騎都尉世職崇德五年隨鄭親

王濟爾哈朗率兵屯田義州先是多羅特部蒙古蘇
班代等降明居杏山西五里台至是願來歸遣人通
款
太宗命濟爾哈朗移師往迎明總兵祖大壽吳三桂等邀戰
於杏山特錦擊敗之六年隨大軍圍松山明經略洪
承疇兵突犯我營力戰卻敵尋隨征明甯遠敗其騎
兵順治元年從睿親王多爾衮入山海關以步軍擊
敗流賊李自成追至望都合副都統和託軍大敗賊
衆論功晉輕車都尉任兵部理事官考滿以勤慎晉
世職二等三年隨肅親王豪格征四川流賊擊敗賊

將胡敬德於三水縣復敗高汝礪於禮縣進勦賊渠
張獻忠於西充賊眾據山巓分賊遶山旁出截我兵
後並擊走之大破賊將楊正於馬湖六年叛鎮姜瓖
自大同陷絳州侵及壽陽特錦率兵往勦擊斬千餘
級賊又自阻馬路得勝路犯我兩藍旗營連擊之敗
去又破其援兵移師汾州府有賊兵七千乘夜來犯
悉力以禦多所斬獲而平遙遼州榆社諸賊以次勦
平七年擢兵部侍郎兼鑲紅旗蒙古副都統三遇
恩詔晉爵爲男雖失去父博爾晉封爵
敕書部議不得承襲至是復自致如之以云亢宗特錦葢無

愧矣九年調滿洲副都統十二年擢蒙古都統列議
政大臣十五年隨信郡王多尼征貴州雲南攻戰招
撫並有功晉爵二等十八年調本旗滿洲都統康熙
十一年卒
賜祭葬如典禮謚襄壯亦於墓道立碑子特爾赫襲爵任參
領數從征戰有功兼任佐領而特錦諸父曰巴代戰
死大同贈騎都尉從子曰瑪沁曰察瑪海則特錦兄
佐領兼都察院理事官本託輝子也瑪沁崇德三年
以護軍參領從征明入自牆子嶺敗薊遼總督吳阿
衡兵六年從戰松山順治元年從入山海關戰望都

並有功予騎都尉世職五年擢蒙古副都統七年遇
恩詔兼一雲騎尉世職尋從征湖廣至衡州疾卒
賜祭葬察瑪海從入山海關定山西有功戰死延安贈雲騎
尉曰卓爾博曰艾穆布則特錦從兄弟也艾穆布父
殷達呼齊與十六大臣列艾穆布仕至郎中授輕車
都尉世職卓爾博亦以部曹考滿授騎都尉世職子
瑚蘭以護軍校從征陝西攻取綏德州有功戰死平
涼贈雲騎尉特錦族人有護紐者從征浙江雲南亦
以功授雲騎尉世職云
巴篤里世居佟佳以地爲氏後隸滿洲正白旗天命

初與弟蒙阿圖率眾來歸
太祖命編所屬爲二佐領俾與蒙阿圖分轄焉巴篤里有材
氣數立戰功予輕車都尉世職
賜號扎爾固齊十年明發兵航海至旅順口葺城駐守從貝
勒莽古爾泰攻克之殲其軍十一年明將毛文龍遣
兵夜襲薩爾滸城城中礮石并發敵退而結營未畢
率騎兵自山下大呼乘之敵潰走追斬二百餘人累
擢都統天聰三年從
太宗征明攻克遵化城有功
太宗親酌金卮勞之晉世職二等四年從克永平隨貝勒阿

敏等統兵駐守赴遷安招撫明侍郎郭某比至已遁
去以其孥至永平贍養之明副將張宏謨率兵來攻
偕前鋒統領屯布祿以兵百人迎之遇伏屯布祿敗
北獨殿後截戰其弟課約馬中矢奪敵馬與之連斬
三十餘人敵遂遁既而明兵圍灤州阿敏不即救援
城垂破乃遣以兵往乘夜突圍入城議并力以守敵
發巨礮攻擊城樓焚守將納穆泰等度不能支相與
突出走永平阿敏遽棄永平遂從歸
太宗命議棄城罪以突圍赴援
特釋之五年任禮部承政奉

命往朝鮮定職貢額數八年從
太宗征明至應州
命偕貝勒阿巴泰等往取靈邱縣王家莊有頃
太宗閱大同城畢還坐御帳大宣尙食阿巴泰奏禮部承政
巴篤里督攻王家莊城旣被創矣仍以衆奮攻中流
矢卒
太宗郎輟不御曰此朕勳舊且有吏能效力多年致命疆場
深可惜也爲之泣下喪還
賜奠
卹贈男爵

世祖時追謚敏壯立碑墓道次子卓羅襲

卓羅崇德三年以佐領隨貝勒岳託征明於燕京以三百人敗其内監馮永盛兵數千進至山東數敗敵衆四年略明錦州入其郛獲守備一人六年從圍錦州明經略洪承疇率衆赴援駐松山隨武英郡王阿濟格擊敗之明年再破松山兵於山北八年授刑部參政順治元年從入山海關擊敗流賊李自成論功晉所襲男爵一等任本旗副都統三年隨順承郡王勒克德渾征湖廣擊敗自成餘黨一隻虎於荆州凱旋

賜黄金十兩銀三百兩先是明桂王朱由榔據武岡以總兵
王進才等分據長沙衡州寶慶恭順王孔有德奉
命統師征之至是
遣同副都統藍拜赴有德軍協剿四年自岳州趨長沙進才
聞大兵至先遁偕藍拜追敗之遂與智順王尚可喜
擊敗總兵徐松節軍統舟師還長沙遣參領張國柱
札蘇藍等敗總兵楊國棟於天心湖而自會有德軍
趨祁陽由熊羆嶺入城斬總兵副將各一進攻武岡
州擊敗其安國公劉承允於夕陽橋承允降由榔走
桂林遂取武岡五年師還復

賜黄金十兩銀三百兩六年考滿兼一雲騎尉旋擢禮部尚
書列議政大臣七年調都察院左都御史八年兼鑲
白旗滿洲都統旣甄別部院大臣以緘默罷左都御
史專任都統未幾擢吏部尚書三遇
恩詔晉爵至一等子兼一雲騎尉九年授靖南將軍征廣東
旋以廣東漸平
召還復任吏部尚書十二年
命同都統阿爾津駐防荆州初朱由榔僭號於粤孫可望李
定國白文選等皆以張獻忠餘黨附由榔竊王號至
是據辰州十三年偕阿爾津自澧州常德進討可望

焚舟遁與副都統泰什哈護軍統領費雅思喀等率兵渡江攻之敗其伏兵追擊至瀘溪屢戰破之降其參將段文科及守備四人辰州復十四年可望率所部赴長沙降定國文選隨由郴走雲南十五年甯南大將軍宗室羅託自湖南定貴州軍貴陽平西王吳三桂征南將軍卓布泰奉

命由四川廣東分道進而卓羅同信郡王尼堪以師會之規取雲南十六年合攻雲南城下之數敗文選定國兵克永昌騰越追至南甸乃還

詔與都統伊爾德分留八旗兵駐守雲南

賜蟒服鞍馬時由榔奔緬甸定國據孟艮謀内犯約降將高
應鳳爲内應以由榔印劄誘元江土司那嵩倡叛偕
前鋒參領白爾赫圖參將穆克爾等擊敗其衆於磨
隴山定國所遣馬秉忠孫應斗馬忠君等皆卻進師
鏖濠圍其城以雲梯克之斬應鳳於軍那嵩亦死殲
其黨無算十八年定西將軍愛星阿同吳三桂征由
榔於緬甸
詔卓羅駐守雲南既緬甸執由榔以獻雲南平康熙元年
命卒駐守雲南八旗兵還京論功晉爵一等伯世襲罔替七
年卒

賜祭葬如典禮謚忠襄孫赫特赫襲爵尼雅達者卓羅第七弟積戰功歷官護軍參領授世職騎都尉而卓羅兄有二子曰瑪喇積戰功授雲騎尉世職次曰瑪哈達瑪哈達康熙七年由參領擢本旗滿洲副都統十二年吳三桂叛
聖祖命率兵駐兗州備調遣明年
詔所轄及右翼察哈爾兵移駐安慶耿精忠叛
詔移師杭州旋
命參贊平南將軍賚塔軍務偕都統石調聲等禦精忠僞都督閻標等萬餘賊於金華山村口追擊至鄭家店三

戰皆捷斬賊四千餘俘獲甚衆既僞都督葉鍾陳邁
僞總兵周彪尹福分犯浦江蘭溪義烏等縣並遣兵
擊敗之僞都督徐尚朝復率賊五萬犯金華距城十
二里結寨偕台吉察琿都統巴雅爾總兵李榮分兵
夾擊陳斬僞遊擊吳榮先等及賊兵萬餘而僞總兵
張元兆以賊二萬據壽溪者移兵勦之破賊營十有
八斬元兆及賊兵三千餘尚朝又同僞總兵馮公輔
據積道山乘霧偕總兵陳世凱攻拔其木柵賊潰竄
招撫僞官百餘暨脅從之衆數千十四年進擊僞總
兵沙有祿等於桃花嶺敗之復處州府城僞總兵進

登雲同尙朝沙有祥自温州來竊距城五里結寨偕
察琿李榮世凱分道進擊賊敗去追斬僞參將陳亮
郭美才等獲軍資無算十五年擢杭州將軍時康親
王傑書統師征福建自衢州與賚塔率兵先發敗僞
將軍馬九玉等於大溪灘復江山縣長驅抵仙霞關
守將金應虎率衆降大軍復建甯延平精忠歸順還
駐杭州論功授輕車都尉世職二十三年
召還京授本旗滿洲都統其從弟鄔機瑪襲父穆機倫世職
亦從征耿精忠有功晉一等輕車都尉世職六年瑪
哈達坐吝補旗員徇情滋弊罷任削世職遣往黑龍

江效力贖罪二十八年卒

蒙阿圖初由佐領擢本旗副都統列十六大臣以丈

量地畝有功授總理糧餉大臣用多取田地又以餘

地私給漢官及擇各處餘地别立莊屯爲本旗大臣

阿山所劾削職天聰三年

太宗命率兵三百人征瓦爾喀

敕曰行軍宜嚴紀律毋妄殺其歸附之衆悉編爲民毋劫掠

鹵獲毋有所私蒙阿圖再拜受

命蓋

聖人御宇㒷有

天命要以不嗜殺人爲大端所謂仁覆天下也而介胄之士不能仰體
德意往往肆屠戮抑獨何哉既凱旋俘男婦三千餘獲牲畜尤夥
太宗迎勞至十里外蒙阿圖遥見即拜近前復拜行抱見禮禮畢宴飲徹
御膳賜之授騎都尉世職五年任工部承政駐天瑞山緝獲逃人千數從征明燕京擊敵兵遵化敗之又征瑚爾哈俘獲多論功晉輕車都尉六年大軍征察哈爾
太宗遣還瀋陽移餉於遼河加意防護而徹同阿巴泰等防

禦兵守城及催督喀喇沁人於法庫山耕種八年考
滿晉世職二等崇德三年
太宗召謂曰爾今年老且有疾不必管理部務宜閒居調養
病痊之日朕仍起用爾等舊臣朕見之輒爲心喜行不時
召見也未幾卒子翁克襲世職任護軍參領

吉林通志卷九十六

人物志二十五　國朝十

珠瑪喇 諸孫納岱　郭色

尼堪　瑪拉

康喀勒 從子和託　瑪拉 從孫通嘉

努山 子託岱 兄泰璧善 弟濟山 從子宜爾格德 族兄舒甯阿 舒甯阿兄子雅穆哈納 族弟祜紐 族孫覺託和 西特庫

荊古爾達 弟崇阿　綽拜 貟柱戀

阿哈尼堪 子噶爾哈圖 達海

滿達爾漢 子阿哈丹　馬福塔 子諸穆齊 鄂退 俄莫克圖 鄂

內　蘇嚕邁洛子蘇爾濟　翁鄂

珠瑪喇姓畢魯氏世居葉赫

太祖時率所部虎爾哈人來歸

命爲佐領轄其衆後隸滿州鑲白旗天聰三年從大軍征明

遵化擊敗敵兵閱三日

太宗親臨城下明山海關兵赴援將入城率哨卒十八人逆擊

之斬馘甚衆進薄燕京遇明總兵滿桂黑雲龍麻登

雲孫祖壽等軍入大紅門偕額駙揚古利參領音達

戶齊擊卻之旋克永平攻昌黎戰尤力身被六創授

騎都尉世職坐事削五年從圍大淩河城明監軍道

張春赴援偕參領鄂諾連戰破其前後隊明年從征
察哈爾獲布延圖台吉於穆魯哈岱藏親從百餘俘
其妻子以歸七年隨貝勒德格類岳託攻明旅順口
以護軍十八人乘船將艤岸薄其甕城敵守甚堅步軍
統領巴奇蘭令於眾曰誰先登者偕佐領雍舜橫刀
超躍而上排敵大呼曰珠瑪拉登矣連被三創不少
卻卒下其城
太宗嘉歎親酌金卮以賜復授騎都尉九年隨貝勒多鐸攻
明錦州夜以雲梯潛登敵覺被創甚劇崇德元年從
征朝鮮先登拔其一寨旋征明敗其總兵海某取四

縣師還擊開平兩營敗走之三年授兵部理事官從圍錦州以甲士四十人襲破廣甯北岔畤山寨降槖駝山之眾又與都統石廷柱招大淩河北山四寨降之六年同參領禧福奉

命往張家口監互市事及還法司劾以私財市貨物及索馬藩部諸罪論死籍沒

詔宥之褫世職輸所市於官尋隨鄭親王濟爾哈朗圍錦州御敵騎來奪我紅衣礮者俄復來犯注矢連射之並應弦仆始退去明年與前鋒統領沙爾虎達征松阿里江虎爾哈部招降喀爾喀木等十屯收其丁壯千

餘及牲畜輜重以歸

太宗命禮部官迎勞宴賚之順治元年從睿親王多爾衮入

山海關擊敗流賊李自成授正藍旗滿洲副都統尋

擢兵部侍郎明年論破流賊定燕京及前克錦州松

山功復授騎都尉其冬與副都統和託等駐防杭州

任左翼副都統時明大學士馬士英窜嚴州與其總

兵方國安以衆犯餘杭率兵擊走之還距杭州三十

里突遇土賊復大破其衆國安等仍聚衆數萬於江

東諸山及杭州之朱橋范村所在劫掠同總兵田雄

副將張杰等分兵勦之悉就蕩平三年從征福建與

護軍統領敗總兵黃某等軍四年考滿兼一雲騎尉
明年隨征南大將軍譚泰討江西叛鎮金聲桓敗賊
兵七萬又與都統何洛會及沙爾虎達連敗賊兵焚
其戰艦千三百有奇撫定九江一府五縣七年遇
恩詔
賜敕授輕車都尉世襲罔替又以平江西功晉世職二等八
年擢正白旗蒙古都統遷吏部尚書明年兩遇
恩詔晉男爵十年吏部擬銓廢員房之麒爲山東驛道之麒
嘗任山東按察使罷職占籍青州以山東巡按馮右
京列薦起用改歸直隸東明籍有

旨詰問吏部以直隸搢紳保結可憑奏旣而給事中許作梅
劾之麒於青州置田宅朦朧就銓復
旨察覈乃議之麒應黜
世祖以部臣於銓授時不行詳勘及詰問仍支飾
命王大臣察奏坐罰鍰罷尚書任專管都統事十一年流賊
餘黨孫可望李定國自雲貴寇廣西分犯廣東連陷
郡邑奉
命爲靖南將軍同敦拜往征之
詔之曰賊犯廣東故有茲授至彼以安民爲首務嚴飭兵將
恪遵紀律賊若竄入廣西可與平南靖南兩王及總督李

率泰相機勦撫賊若入雲貴則擇善地休兵奏聞候旨至
遇賊對壘時爾二人居中調度毋以輕謀致敗用全我師
是時定國犯新會平南王尚可喜靖南王耿繼茂等
先率兵往援至三水縣分布沿江隘口以待大兵既
至遂合兵進擊敗之珊洲斬其副將一擒將校十餘
人斬級百五十有奇遂趨新會定國以步騎四萬分
據山峪列礮象拒戰督諸將分兵奮擊其衆潰奔定
國復出兵四千自山巔馳下迎截我師又擊敗之奪
其山定國遁走十二年春捷
聞得

旨嘉奬定國旣走高州與敦拜遣副都統畢力克圖鄂拜等
分兵追躡敗定國於興業再敗之橫州定國渡江焚
橋遁我師躡之三戰皆捷定國竄賓州入南甯走安
陸於是與尚可喜等復高雷廉三府三州八縣及廣
西二州四縣獲象十六馬二百餘器械無算下所司
論功復
賜敕曰頃逆賊李定國棲據南方頻侵兩粤二王及諸臣宣
厥忠勇謀操必勝於新會等處殺賊旣多復追至橫州江
岸降其軍將獲其器械克定高雷廉等府州縣先後屢捷
功績懋著朕甚嘉之其益勵忠勤垂名久遠師還

世祖召見南苑
諭大學士馮銓等曰珠瑪喇以元戎統領大兵征廣東未幾
捷歸今五旬矣如此年齒建立大功真福人也
賜茶奬勞明年以功擬晉爵一等男兼一雲騎尉
世祖以珠瑪喇功多不應循常格議敘
特詔吏兵二部曰都統珠瑪喇等率兵擊賊李定國雪衡州
桂林之忿快慰衆心朕甚嘉悅其軍功再加議敘尋晉爵
子康熙元年卒年五十有八
賜祭葬如故事謚襄敏子博通鄂襲爵先以功授騎都尉世
職至是并爲一等子累官副都統珠瑪喇諸孫曰納

岱初由二等侍衛以功授輕車都尉世職順治十六

年從征鄭成功攻廈門力戰殞焉

卹贈加一雲騎尉日郭色初任護軍參領康熙十七年從征

逆藩吳三桂與僞將軍馬寶胡國柱戰永興沿山嶺

死之

卹贈雲騎尉

尼堪姓納喇氏世居松阿里烏喇

太祖時率衆來歸

賜號巴克什後隸滿洲鑲白旗以說降蒙古科爾沁部予騎

都尉天命十年偕侍衛博爾晉等率兵征虎爾哈部

收獲五百戶師還
太祖郊勞賜宴天聰初擢一等侍衛從
太祖征明錦州有功七年隨貝勒等鞫獄藩部同行佐領阿
什達爾漢以所賫
詔敕二十道付尼堪尼堪畀之從者道亡其九所司劾之論
罰蒿齊忒部台吉額林等歸順奉
命往迎明年收所部戶口及牲畜以還其秋從
太宗征明道遇察哈爾部眾來降
命還盛京安置降人家屬時鄭親王濟爾哈朗留守
盛京令同卦爾察席特庫率駐防兵十二人偵明邊猝

遇敵即馳擊之三戰至遼河斬馘百餘餘衆悉潰九
年隨貝勒岳託駐守歸化城土默特部長博碩克圖
之子私與明通使人往喀爾喀部要明使偕來岳託
遣同參領阿爾津等伺之擒其使十八及明使四人
以獻尋與戶部承政英俄爾岱馬福塔等齎
詔朝鮮崇德元年授理藩院承政二年大軍克朝鮮國都
太宗命同參領吉思哈佐領葉克舒率八旗及科爾沁扎魯
特敖漢奈曼諸外藩兵征瓦爾喀將出朝鮮境而朝
鮮列營吉木海以拒率諸將進擊大破之斬其平壤
巡撫朝鮮合兵三萬襲我軍後與吉思哈等設伏誘

敵藏萬餘人餘遁據山巔立栅拒守我師圍之三日
乃下降其哈忙城巡撫及各城總兵副使等官獲牲
畜軍資無算進略瓦爾喀部即以所獲分給諸外藩
遣還尋同承政阿什達爾漢往科爾沁巴林扎魯特
喀喇沁諸部頒
敕詔並會諸部王貝勒清理刑獄三年部議尼堪於科爾沁
審察諸事徇庇失實應解任籍家產之半得
旨罷任免籍家產旋授理藩院右參政四年大軍征明檄調
科爾沁諸部兵至者不如指
詔會科爾沁王貝勒等按之遂歷喀喇沁土默特諸部讞定

天聰五年

太宗以克副任使並朝鮮功授輕車都尉世職先是承政薩穆什喀等征索倫部俘其衆數千至是復有數百戶來歸

命尼堪往頒

賞賚並與郭爾羅斯部新附之衆共編爲八佐領而還尋奉

詔檄外藩兵征索倫兼簡其軍實

世祖定鼎燕京晉世職二等順治二年隨豫親王多鐸平定河南統外藩兵由南陽趨歸德招服一州四縣晉世職一等三年復隨豫親王討蘇尼特部騰機思大破

其衆多所斬獲明年論功晉男爵遷理藩院尙書六年喀爾喀使至饋睿親王多爾袞馬而不及巽親王滿達海巽親王使人告理藩院復啟睿親王王問尼堪曰於例云何對曰外藩職貢例不越送諸王王惡其語侵己令內大臣議其罪坐奪俸七年九年三遇

恩詔晉爵子世襲罔替十年

世祖以宣力有年衰老可念

特命以原官加一級致仕晉子爵二等十七年以疾卒

賜祭葬如典禮無子以弟阿穆爾圖阿錫圖及從子瑪拉兆

賚分爵爲世職襲之瑪拉自有傳

瑪拉分襲諸父尼堪爵爲輕車都尉初任理藩院筆
帖式順治五年英親王阿濟格率師圍叛鎭姜瓖於
大同令調蒙古兵隨征七年任戸部副理事官累遷
理藩院郎中康熙十四年察哈爾布爾尼叛
聖祖命信郡王鄂扎率師討之瑪拉自陳久任理藩院習知
蒙古情形願赴軍前效力遂奉
命與員外郎色棱赴科爾沁翁牛特巴林敖漢喀喇沁土默
特扎魯特諸部調選兵馬協勦凱旋擢通政使十五
年遷禮部侍郎明年擢工部尚書十七年同內大臣
喀岱往科爾沁諸外藩宣

諭禁令先是瑪拉任尚書
聖祖誡以工部弊端甚多宜盡心整剔十九年
敕增給
陵寢匠作僱直令工部議行自始奉
詔日支給新定僱直既而
詰何不於議行奉
旨日始奏已牒工所增給未便追扣
聖祖以情節朦混下吏部都察院察議應降一級調用
詔責瑪拉不能清釐弊端回奏復巧飾
命降五級從寬留任二十年因

饗殿器用修造疏忽罷任仍留世職二十二年

聖祖以俄羅斯數犯邊界擾害索倫及斐雅喀諸部

命集兵黑龍江爲進征計

遣瑪拉往索倫儲軍實並支部帑四千兩量置貨物攜赴軍

前市易糧米牛羊尋疏言索倫密邇俄羅斯時爲所

擾不宜久留應移之內地下部議行明年夏疏言雅

克薩尼布楚二城久爲俄羅斯所據臣密詢情形雅

克薩惟耕種自給尼布楚入歲捕貂與喀爾喀貿易

資以養贍請

敕喀爾喀車臣汗禁止所部與尼布楚貿易並

勅黑龍江將軍水陸並進作攻取雅克薩狀因刈其田禾則
俄羅斯不久自困
聖祖是其言即以所奏檄知喀爾喀並以大兵將次進剿傳
示俄羅斯二十四年春
詔遣都統朋春等率師往黑龍江策議進兵又
念瑪拉自遣用以來甚爲奮勉且頗知雅克薩諸地形勢
特授副都統參贊軍務瑪拉遣蒙古三十人往雅克薩城擒
俄羅斯七人得城中設備及遣人乞援各部狀逮送
至京其夏朋春與副都統郎坦等收復雅克薩城大
兵告捷與有功二十五年黑龍江佐領鄂色以耕牛

多鑁農器損壞時近東作奏請儲備
命瑪拉往黑龍江督理農務
詔曰農事關係兵餉須令合力播種收穫豐稔俾成效可觀
二十七年授護軍統領二十九年
聖祖以噶爾丹肆掠喀爾喀
命同都統額赫納前鋒統領碩鼐等率喀爾喀兵往征之
賜內廄馬以行未幾噶爾丹掠烏珠穆沁
聖祖命裕親王福全等分統大兵協力會勦噶爾丹敗遁師
旋三十年春噶爾丹復犯喀爾喀至阿爾哈賚地旋
去會土謝圖汗車臣汗以眾來歸

聖祖幸喀爾喀撫綏之瑪拉扈從既
回鑾
命同都統瓦岱等率兵赴圖拉偵軍事抵克魯倫河聞噶爾
丹遠遁乃還其秋
聖祖以才能素著於蒙古事亦諳練
特授西安將軍三十一年春準噶爾和碩特部台吉巴圖爾
額爾克濟農來降
聖祖以其人未可深信
詔瑪拉徙之內地毋致復逸疏言巴圖爾額爾克濟農率所
屬二千二百餘人窮乏來歸揆其情形當不復逸遺

員弁護送巴圖爾額爾克濟農及其子育木春入
朝
優賚遣之秋以疾卒於任年六十有一
賜祭葬如典禮謚恪敏子瑪哈達襲世職
康喀勒姓納喇氏輝發貝勒旺吉努之孫
太祖時隨其兄通貴率族屬來歸授佐領後隸滿洲鑲紅旗
天聰六年從征察哈爾部八年
太宗聞察哈爾林丹汗逃竄其部衆流散於錫爾哈錫伯圖
之地命與岱青塔布囊等率蒙古及外藩駐牧兵取
之所獲甚衆予騎都尉世職崇德三年授刑部副理

事官五年擢本旗蒙古副都統六年隨征明錦州及松山明年皆下復隨鄭親王濟爾哈朗攻克塔山城尋坐攻松山退縮不前克塔山後與都統葉臣爭功論死

太宗宥之令以功贖順治元年隨睿親王多爾衮入山海關擊流賊李自成敗之兼一雲騎尉旋隨豫親王多鐸征江南同都統準塔自徐州水陸並進師次清河明總兵劉澤清遣馬花豹張思義等率戰艦千餘據黃淮口同遊擊范炳吉天相等發礮毁其舟又分兵擊澤清遁遂克淮安時明總漕田仰阻兵湖口橋同副

都統譚布擊敗之又敗之三里橋追至海岸獲船八十下如臯攻克通州附近縣邑皆定二年冬授鎭守江甯副都統時江北未靖江甯城中有謀應之者同駐防總管巴山先期捕誅三十人已而明潞安王朱誼石糾衆二萬餘三路來犯並擊敗之遁去三年論功晉輕車都尉世襲罔替四年卒子洛多哩襲康喀勒從兄之子曰和託與姓瓜爾佳氏者同名順治元年任前鋒參領隨大軍敗流賊李自成於潼關移師江甯旋隨貝勒博洛征浙江擊敗明總兵方國安等於杭州進征福建所向皆捷攻汀州先登克其城予雲騎尉世

襲罔替遇

恩詔晉騎都尉兼一雲騎尉十一年從征雲南敗明鞏昌王白文選兵擒十一人獲馬四十進取永昌率師奪瀾滄江之鐵索橋敗其步兵康熙九年卒子華善襲和託弟曰瑪拉與西安將軍籍松阿里烏喇者同姓同名順治十二年以三等侍衛署參領隨甯海大將軍伊爾德復浙江舟山有功尋從世子濟度征鄭成功至福建偕護軍統領穆成額敗之泉州府斬級七百餘十六年隨安南將軍達素戰廈門有功康熙十一年華善卒無子以瑪拉襲和託世職二十二年卒子鄂色襲而康喀勒從

孫通嘉初襲父莽佳輕車都尉世職順治十八年山
東土賊于七據棲霞縣之岠嵎作亂以護軍參領隨
靖東將軍濟什哈往討賊黨呂思曲俞三等糾衆數
千再來犯偕營總察哈泰擊敗進平賊巢改前鋒參
領十四年從信郡王鄂託征察哈爾布爾尼師至達
祿賊設伏山谷間戰而伏發通嘉卒所部逆戰之賊
氣索進擊大敗以去布爾尼僅以三十騎遁論功兼
一雲騎尉後坐事削去十七年擢本旗滿洲副都統
明年遷護軍統領由陝西進征逆藩吳三桂敗其黨
譚洪三萬衆於四川雲陽縣晉世職二等二十三年

改本旗蒙古都統明年卒

努山姓扎庫塔氏世居瓦爾喀之鄂里役隸滿洲正

黃旗父塔克都天命初率衆來歸

太祖命其長子瑚什屯轄其衆爲佐領積功授輕車都尉世

職無子以努山之子渾岱爲子瑚什屯卒渾岱襲其

職幼努山代治佐領事每從征伐輒先驅覘敵多所

斬獲授前鋒參領天聰八年

太宗嘉其能爲特

詔羣臣曰姪不如弟親以渾岱所襲職改

命努山襲之崇德元年率噶布什賢偵明邊境至冷口遇明

哨卒十四人斬其三擒一獲馬十餘噶布什賢言前鋒勁卒也三年隨貝勒岳託征明將入邊斬級四十俘三人敵以火藥設伏者五悉發之至密雲東北牆子嶺其總督吳阿衡率步騎六千拒戰旣擊敗之又獨追其潰兵獲馬八十餘及器械甚夥進薄燕京敵騎兵五百伏要我前而內監高起潛率兵躡我後將夾擊我軍偕前鋒統領勞薩先擊走其伏兵即伏於所伏以少卒逆誘起潛與戰至伏所則我軍起而夾擊之斬獲甚衆是夜起潛復襲我前鋒營偕參領鄂克席特庫合兵迎擊大破敵衆逐北至會通河溺死

者無算遂略地涿州隨睿親王多爾袞至山東克濟南府振旅出邊同勞薩擊谷口兵敗之六年命與侍衞穆占等覘敵於董家口喜峰口擒四人斬百餘級旋從大軍圍錦州明援兵踵至太宗自將擊之陳松山杏山間敵騎兵犯我前鋒鏖戰久之斬級五十二獲馬三十其經略洪承疇悉衆來戰偕勞薩等陳而前戰久不解會王貝勒等各以所部至合擊大破其衆追至城塹乃還擢前鋒統領尋奉命馳赴杏山時武英郡王阿濟格營杏山河岸敵以千騎自甯遠來窺猝遇我軍驚潰追敗之連山斬級三十獲

馬三十二七年略地明甯遠有中後所敵騎五十犯
我牧地以所轄前鋒縱擊並敗其援兵四百甯遠守
將背城而陳偕前鋒統領吳拜破之擒二十三人累
功晉世職二等八年奉
命往明甯遠捉生進自中後所所獲幾及百人牲畜稱是既
太宗以貝勒阿巴泰等征明未還
命偕參領侍衛各四兵九十至界嶺口偵大軍距邊遠近遇
明兵邀戰斬其守備及步騎三百有奇擒數十獲牲
畜二百餘還奉
命以所俘獲分賚從征將士尋與護軍統領阿濟格尼堪駐

防錦州順治元年

世祖定鼎燕京

命統左翼前鋒隨豫親王多鐸追勦流賊李自成距潼關二十五里賊據山爲陣率兵自間道攻破賊營斬獲過半賊潰竄二年移師定河南克揚州下江甯明福王朱由崧走蕪湖偕諸將追擊之其叛臣田雄等執以獻三年隨貝勒博洛征浙江明總兵方國安列營錢塘江東岸而以舟師來犯與都統圖賴徑渡上流悉精鋭擊之國安望風潰盡獲其舟艦進征福建斬其巡撫楊廷清李暄芬時護軍統領都爾德等攻下建

甯延平明唐王朱聿鍵走汀州馳七晝夜追及則已
閉城堅守令鋭卒用牌盾自蔽以巨木撞其門會大
軍自關外至下其城聿鍵死之五年隨鄭親王濟爾
哈朗征湖廣時明桂王朱由榔據廣西其總督何騰
蛟總兵王進才馬進忠袁宗第等猶踞湖南郡邑六
年師至長沙偕右翼前鋒統領席特庫簡精鋭趨湘
潭拒戰者輒敗之與都統阿濟格尼堪等自北門入
何騰蛟死之尋偕兵部尚書阿哈尼堪等徇寶慶距
城七十里進才進忠以衆來拒連戰皆捷直薄城東
門進才等遁追至武岡職進忠所屬步兵五千破進

才宗第等十餘寨分克沅州靖州進定廣西之全州其閣部楊龘及副將參將等官四十餘人皆死之俘獲無算七年論功並三遇
恩詔晉爵二等男十三年擢內大臣十五年卒
賜祭葬如典禮尋以平定河南江南積功牌於家甚多未及議敘
賜銀千兩立碑墓道推焉子託岱襲爵初事
太宗以侍衛從征明甯遠錦州松山有功授騎都尉世職順治初任護軍參領兼太僕寺郎中既襲父二等男爵合自所得世職晉男爵一等兼一雲騎尉尋擢副都

統坐事削本身騎都尉而二等男爵俾努山次子噶
思哈之子江敉承襲
聖祖時累官至副都統努山之兄曰泰壁善弟曰濟山而宜
爾格德則其從子也泰壁善初監游牧天命三年從
攻明撫順戰馬哈達村有功
賞牲畜四年從攻界藩執纛者被創墜馬就執其纛突有敵
來犯以一手搏擒之又從征哈達及豐濟堡並有功
我軍遇明兵喀爾土滸倉卒皆潰獨冒鋒鏑翼納冷
格以出進取平樂堡以第二人先登克之再
賞牲畜天聰三年從征明與其經略袁崇煥軍力戰死之贈

騎都尉子幼未襲襯其秩

賜金濟山初任佐領崇德六年從大軍圍明錦州敗其經略

洪承疇兵

賞銀百兩順治元年從豫親王多鐸追破流賊李自成於潼

闘軍退賊兵復來襲隨都統恩格圖殿後三敗之同

李率泰吳巴海招撫二州五縣明年從貝勒博洛征

浙江招撫府州各一縣七累擢副都統率兵駐防蘇

州明總兵黃蜚等來襲約城內爲應同吳巴海迎擊

四戰皆勝既而敵又大至中礮没於陳贈騎都尉世

職子哈山襲遇

恩詔兼一雲騎尉旋卒弟哈舒庫襲再遇
恩詔晉二等輕車都尉從征廣東有功晉世職一等卒子華
塞襲宜爾格德初任佐領崇德五年
太宗命薩穆什喀等征虎爾哈別以驍健九十人助之攻克
鐸陳阿徹津二城斬五十餘級順治元年授騎都尉
世職擢工部理事官四年考滿兼一雲騎尉五年金
聲桓叛江西隨征南大將軍譚泰討之賊以步騎七
萬拒境上旣偕大軍擊破之矣又擊卻一再犯我正
黃鑲黃兩旗之賊進至信豐縣擊敗賊兵二萬論功
晉二等輕車都尉世職七年九年三遇

恩詔晉世職一等兼一雲騎尉十二年從征孫可望力戰於岔路口死之贈男爵子殷達理襲又努山族兄弟行曰舒窜阿曰祜紐族孫曰覺託和亦死戰陳者舒窜阿崇德二年以管佐領事從貝勒岳託攻明欒城縣適城上火藥燃坍城垣丈許疾率兵自坍處登城克之明兵來援我將士或卻憤甚縱馬突敵中堅遂戰沒贈騎都尉世職以兄子雅穆岭納襲崇德五年從睿親王多爾衮圍明錦州擊其杏山兵出沒於敵陳無能攖者八年從貝勒阿巴泰征明敗敵兵者再攻冀州以第二人登城克之

賜號巴圖魯晉世職二等輕車都尉順治元年從入山海關擊敗流賊李自成追至望都又敗之明年晉世職一等五年坐事降世職爲騎都尉遇

恩詔晉二等輕車都尉卒祜紐崇德三年從貝勒岳託征明攻定興縣負盾冒矢石先登克其城

賜號巴圖魯授騎都尉世職順治二年從征湖廣流賊餘黨一隻虎率眾圍荆州力戰敗之三年從平山東土寇師次清河縣敗賊步騎七千有奇又連敗之恩縣成安縣俄賊眾萬餘攻平邑縣戰没贈兼一雲騎尉覺託和康熙十三年以護軍校從征逆藩耿精忠戰死

江西贈雲騎尉西特庫亦努山族孫也康熙十四年從貝勒董額征山西叛鎮王輔臣攻復秦州留守之賊將七人以衆萬餘來犯再戰皆敗去既隨振武將軍佛尼勒戰西和城下有功又擊賊將吳之茂於盧家浦牡丹園關山鹽關七山浦鄠縣紅石堆七戰皆捷以功授雲騎尉世職我

朝龍興

天命之者也經營草昧然且扎庫塔氏一門曰泰璧善曰濟山曰宜爾格德曰舒甯阿曰祜紐曰覺託和徇疆場者六自外身膏原野姓氏翳如者何可勝道哉彼

天所不佑徒以數百千萬之衆爭勝鋒刃間俾一瞑不視并不得以忠義名又可勝道哉而扎庫塔氏亦戰死而世遠例不爲傳者又二人焉曰鄂立善曰宜爾格德之孫宜思哈悲夫

荊古爾達姓扎庫塔氏即所居地也後隸滿洲正白旗

太祖時烏喇人招之不從慮爲所刼獨身來歸尋偕征扎庫塔取其家口並兄弟三十戶內附有三寨已降復叛去追獲之以功授騎都尉世職天聰九年同蘇都奇克有事虎爾哈蘇都奇克爲其人所殺徒步以歸遇

我送馬者於途即反擊虎爾哈斬級二百有奇俘獲
稱是旋奉
命征東海降人民千餘獲牲畜等物甚夥又招降虎爾哈人
衆並攜以歸未幾征阿庫里尼滿俘獲以千計編爲
戶口隸於各旗累功晉世職一等輕車都尉順治七
年九年三遇
恩詔晉二等男爵卒十三年
世祖追謚開國功臣謚曰忠直弟崇阿初管佐領事天聰八
年從征明大同略地囘雁堡敵兵四百圍我軍三人
莫之能救獨騎躪入其陳左右馳擊卒拔出之崇德

元年從征朝鮮戰桃山村有功六年從鄭親王濟爾
哈朗圍明錦州克外郛敵夜以兵巷戰力擊敗之八
年從貝勒阿巴泰征明敗其兵三千於渾河岸至山
東攻拔壽光縣城有功予雲騎尉順治元年從豫親
王多鐸南征敗流賊於潼關賊復糾衆來襲偕恩額
圖等殿後再擊卻之又乘夜窺我營力戰破其衆明
年從貝勒博洛征浙江攻湖州府敗其城內出戰之
兵援兵至又敗之偕鄂碩穆成格哈甯阿等以雲梯
克其城移師福建至福甯縣敵兵三千迎戰擊敗其
衆晉世職騎都尉五年從征南大將軍譚泰討金聲

桓於江西師次南昌敗王得仁步騎二千聲桓以萬
五千人來戰又擊敗之而廣東李成棟進犯贛州偕
副都統覺善往擊連敗安福縣賊兵及成棟所自將
者又擊敗賊衆二萬於徐嶺破其五營七年論功兼
遇
恩詔晉輕車都尉世職九年再遇
恩詔晉世職一等卒初祟阿攻下湖州府閭村民有不薙髮
者盡殺之是雖
朝廷著令奉行者誠械而從事視駢戮猶賢矣而軍維
當時亦旣食毛踐土獨種種者之斬抑又何哉

綽拜姓巴林氏世居葉赫
太祖時來歸後隸蒙古鑲白旗管佐領事天命六年以能予騎都尉世職九年隨護軍統領烏巴海征瓦爾喀部深入額赫庫倫及額埒岳索地俘獲甚衆晉世職輕車都尉崇德三年兼任戶部理事官從睿親王多爾衮征明入自青山口數敗敵兵越燕京略山東直抵濟南敵騎千餘拒戰偕都統何洛會先衆擊之敵潰遂克其城七年從肅親王豪格征明營松山其經略洪承疇夜遣兵踰濠犯鑲黃旗營力禦之擊殪及墜濠死者無算明年考滿晉世職二等順治元年從入

山海關敗流賊李自成晉一等輕車都尉四年考滿
兼一雲騎尉五年授參領隨征南大將軍譚泰討江
西叛鎮金聲桓克復饒州南昌凱旋
賜銀千兩馬四十四七年任倉場侍郎明年擢本旗蒙古副
都統兼工部侍郎尋遷都統三遇
恩詔晉一等男爵九年以疾解任旋卒
賜祭葬如例子奇黙格圖襲有眞柱懇者姓扎思胡里氏世
居瓜爾察後隸滿洲正白旗初事蒙古明安法亦以
太祖時來歸天命元年從征薩哈連烏喇有功予騎都尉世
職旋加一雲騎尉崇德五年從征明戰杏山松山間

六年戰錦州城下八年戰界嶺口順治元年從入山海關追破流賊李自成於望都並有功晉世職二等輕車都尉三遇

恩詔晉男爵

阿哈尼堪姓富察氏世居葉赫天命時滿洲名臣傳作天聰天聰則葉赫隸我已久無所爲來歸殆誤先世舉族來歸後隸滿洲鑲黄旗初任佐領偕蒙古兩黄旗將領布哈塔布囊阿濟拜略明甯遠敵兵千人追至還擊敗之崇德二年從征朝鮮先眾突過敵艦之前遂取江華島五年隨承政薩穆什喀索海征虎爾哈部兵克雅克薩城時烏魯

蘇屯之博果爾及烏喇哈兵襲我之後索海以右翼伏而要之擊斬甚衆阿哈尼堪與焉又攻掛喇爾屯先入有功授騎都尉世職任禮部參政六年隨鄭親王濟爾哈朗征明圍錦州偕左右翼兵戰松山又與都統拜音圖郤其經略洪承疇兵松山守將乘夜分襲我營壘禦之並有功管本旗都統事順治元年從入山海關擊敗流賊李自成定燕京其年八月

世祖遷都焉分

命大臣統兵鎮守

盛京各城阿哈尼堪統左翼駐

盛京尋同都統阿山等自蒲州濟河擊流寇明年晉世
職輕車都尉奉
命率兵會豫親王多鐸南征定河南有功進師江南至揚州
府城内出兵拒戰及援兵二千來犯皆敗去與都統
馬喇希進攻常熟下之三年蘇尼特蒙古騰機思等
叛聞大軍進討先遁同四旗將領勒兵擊斬其黨百
餘人俘獲無算晉世職一等四年擢兵部尚書六年
鄭親王濟爾哈朗征湖廣同都統劉之源率兵別趨
寶慶聞明桂王朱由榔總兵王進才馬進忠據之乘
夜馳往平明敵大驚迎戰一鼓殲焉遂克寶慶又總

兵馬有志等九營在南山坡者乘勝進攻陳斬有志
等七人又擊其總兵袁宗第等十營於洪江敗之大
軍入沅州即留以守其將王强等復來犯遣護軍統
領都爾德等破之沅水上斬副將三兵七百有奇七
年師旋
賜銀三百兩調禮部尚書遇
恩詔加一雲騎尉並予世襲先是睿親王多爾袞遣往迎朝
鮮王弟因啟巽親王滿達海以參領恩格德代之事
覺下王大臣會議坐死
詔褫職罰贖留尚書任尋復原職遇

恩詔晉一等男爵八年卒子二噶爾哈圖襲崇德二年以管
佐領事從征朝鮮攻破其山寨兼有斬獲三年從貝
勒岳託攻明深州偕和託以雲梯克之五年從圍明
錦州敵兵自杏山來援與都統拜山等擊破其衆又
以兵伏桑噶爾集堡邀擊明塔山潰卒大軍兩路會
擊敵松山騎兵既敗去偕護軍統領鼇拜追至塔山
南海岸又大破其衆七年隨肅親王豪格圍明松山
軍敵以夜來犯偕拜山擊卻之明年隨貝勒阿巴泰
征明至通州敵步騎百餘來窺同鼇拜擊斬殆盡渾
河岸有敵兵三千列營以拒復同鼇拜進破其營至

山東連攻蒙陰沂水兩縣並先登克之累功予雲騎
尉世職三遇
恩詔晉輕車都尉旋襲父爵因以己所得輕車都尉予弟達
海襲與姓覺爾察者同名達海少從征伐積功授騎都尉順治
九年署護軍統領從征山西叛鎮姜瓖圍大同偕鼇
拜擊敗賊兵自城出犯者是年以己所得世職合兄
噶爾哈圖所予襲者并爲一等輕車都尉十一年從
征湖南擊賊孫可望戰岔路口甚力殞於陣加贈一
雲騎尉
滿達爾漢姓納喇氏世居哈達父雅虎率十八戶來

歸

太祖命爲佐領役隸滿洲正黄旗列十扎爾固齊偕征東海

卦爾察部俘二千人以歸

太祖郊勞之又以克舒桑哈達功

賜俘獲人百旣乞休滿達爾漢襲管佐領事從

太宗征虎爾哈部招降五百餘戸天聰五年

命齎

敕往朝鮮

諭以征明海島令備舟艦時朝鮮初附懐反覆旣至國王李

倧遣兵守其館弗與見越三日謂守者曰我奉

命賫
詔至此而主不我見是慢也我歸矣遂偕諸使臣控騎行倧
使其臣追及以願見請乃致書而還授禮部參政復
同文臣庫爾禪等責朝鮮縱匪越境諸罪倧引咎入
貢如初八年
太宗親征明至大同别以兵克四堡一臺又攻王家莊拔其
城論功予騎都尉世職尋擢禮部承政復奉使朝鮮
崇德二年隨武英郡王阿濟格攻明皮島克之
賜裘馬及金三年更定官制六部承政各留一員餘改爲參
政獨任承政如故七年

命同大學士范文程等宴明議和使臣順治元年
世祖定鼎燕京以年老解部務專任佐領二年晉世職輕車
都尉遇
恩詔晉二等尋卒
賜祭葬如故事謚敬敏立碑墓道第十子阿哈丹襲職再遇
恩詔晉一等輕車都尉兼一雲騎尉以一等侍衛從征福建
戰於廈門有功矢卒以殉
卹贈男爵子武格襲
聖祖諭定功臣列之國史滿達爾漢與弟馬福塔並與焉
馬福塔初任佐領與兄滿達爾漢分轄所屬人戶天

聰五年授戸部參政八年
命同承政英俄爾岱使朝鮮責國王李倧倧引罪
太宗親征明大同隨貝勒濟爾哈朗等留守
盛京旋齎奏
行營道出明鐵山遇敵兵邀截者斬五人俘其七馘一人
戒諭縱還邊人憚之尋擢本部承政九年齎
諭朝鮮崇德元年復同英俄爾岱等使朝鮮明皮島兵要於
途擊走之還奏拜
賜物坐額駙佟養性嫁女以六十人爲媵戸部諸臣弗阻止
應罷任罰鍰

詔免罷任旋互市朝鮮義州獲明哨卒知其兵入鹻場潛以
百人往明兵遁會武英郡王阿濟格等征明凱旋偕
諸參領渡遼河備舟艦
太宗以朝鮮背盟逆命將統師
親征先遣與前鋒統領勞薩等以兵三百爲賈人裝晝夜疾
馳將至國都其守將率兵拒戰擊斬殆盡李倧復遣
問所以至冀綏師答有事欲議曰若爾當啟吾王以
禮相迎歸白於倧倧知不可紿走計遂決翼日遁保
南漢城明年大軍破其國都進圍之
太宗再遣入城數倧罪且說之降倧因具表稱臣率羣僚出

謁大軍凱旋倧拜送十里外

太宗遣與英俄爾岱送倧還倧餽以金卻之奏

聞既隨武英郡王阿濟格征明皮島自北隅督戰大敗敵兵

坐前征朝鮮遣子以俘獲諸物先衆賫歸又奪取降

民鷹與貝子碩託索易婦人及私令朝鮮將臣與碩

託交結奪俘獲論死

詔免死罰贖復同英俄爾岱賫

敕封李倧爲朝鮮王三年戸部承政韓大勳盜取貯庫金銀

等物以同官弗舉坐罰鍰是年更定官制改本部左

參政四年坐買官商胡甲黄金負價未償革佐領降

副理事官

詔胥之旋同刑部參政巴哈納齎

敕往朝鮮封李倧妻趙氏爲王妃尋擢本部承政其冬朝鮮

以頌

太宗恩德立碑三田渡具表奏

聞

命與禮部參政超哈爾等往視五年卒官方擢戸部承政兄

滿達爾漢官禮部承政兄弟同時分掌二部人以爲

榮而滿福塔銜

命朝鮮屢矣其國雖不競能牽制我後故必服有之而後西

嚮以爭天下天下既定則彼又東方門戸也無門戸
而若者堂若者奥行道且瞰其室家朝鮮所係豈其
微哉子馬希納襲管佐領而諸子曰諾穆齊曰鄂退
曰俄莫克圖曰鄔内諾穆齊天聰元年從征朝鮮義
州以第二人登城
賚銀三十兩尋從征明廣甯及追逃人多所斬獲五年從
太宗征明大淩河擊敗其監軍張春兵崇德三年隨貝勒岳
託征明至山東敗其總兵吳三桂兵其夜復來犯我
營聞之潛率兵出從旁横擊其中堅敵驚卻順治元
年從入山海關擊敗流賊李自成累功授騎都尉世

職七年九年三遇
恩詔晉世職一等輕車都尉兼一雲騎尉康熙六年卒鄂退
從征瓦爾喀及厄勒約鎖厄墨庫倫以功授騎都尉
世職崇德六年從圍明錦州其經略洪承疇援兵駐
松山力擊之没於陳子査庫襲順治七年遇
恩詔加一雲騎尉世襲罔替旌死事也俄莫克圖天聰九年
奉
命齎
敕於明喜峯口等處
諭其守邊將士及還遇哨卒百餘人多所斬馘崇德七年略

明甯遠武英郡王阿濟格以其兵少濟師未至已俘獲過當以還仍敗其追兵六百順治二年累功授騎都尉世職七年九年三遇

恩詔晉世職二等輕車都尉十一年以督牧久

世祖嘉其勤勞晉爵二等男尋卒鄔內崇德三年從貝勒岳託攻明定州以第一人先登克之

賜號巴圖魯八年授騎都尉世職兼一雲騎尉順治七年九年三遇

恩詔晉世職二等輕車都尉五年從征山西叛鎮姜瓖戰甯武關等處並捷論功晉世職一等兼一雲騎尉累官

至都統
蘇魯邁姓嵩佳氏世居董鄂父遜札哩
太祖時率衆來歸以其長子蘇巴海爲佐領轄之隸滿洲正
藍旗蘇魯邁其次子也趫勇善戰天命三年從征明
撫順以雲梯攻城先登克之六年授佐領
太祖統大軍取明瀋陽遼陽並從征有功天聰元年
太宗遣大貝勒阿敏征朝鮮薄義州城蘇嚕邁以二十人先
登諸軍繼其後立克之俘獲無算三年從
太宗征明攻克洪山口城積前功授騎都尉世職明年
太宗統兵圍明永平

命副都統阿山葉臣等選勇敢二十四人乘夜疾攻蘇嚕邁與焉城上槍礮齊發面中槍不退會敵礮裂自爇樹雲梯烈焰中先登衆繼之城克

太宗遣醫視所傷

賜號巴圖魯晉世職輕車都尉仍加

優賚尋隨征明旅順口及甯遠被重傷復

優賚焉崇德元年隨武英郡王阿濟格征明燕京入邊攻鵰鶚城飛礮傷口因病廢家居順治七年九年三遇

恩詔晉男爵康熙元年卒

賜祭葬如故事謚曰勤勇次子遜塔哈襲爵累官副都統長

子蘇爾濟初任前鋒侍衛順治元年隨睿親王多爾袞入關擊敗流賊李自成將唐通於一片石三年隨端重親王博洛征福建擊明總兵姜正希於汀洲敗之以功授雲騎尉世職遇
恩詔晉騎都尉七年卒無子以弟三塔哈襲鄂洛順蘇嚕邁第四子也康熙十四年以二等護衛隨建威將軍佛尼埒討逆藩吳三桂由陝西進四川擊敗僞總兵高定授護軍參領二十九年改前鋒參領隨裕親王福全征噶爾丹有功明年任江寧副都統三十四年擢江寧將軍凡十年卒

賜祭葬如例翁鄂洛蘇嚕邁第五子也初兄三塔哈襲兄蘇
爾濟騎都尉卒亦無子翁鄂洛襲之康熙二十年隨
征南大將軍賚塔討逆藩遺孽吳世璠師進自廣西
僞將軍何繼祖擁衆據石門坎與都統希福等擊敗
之繼祖退據黃草壩糾合賊黨詹養王有功等兵拒
戰與諸將復大敗之獲養與有功進軍雲南殲賊將
胡國柄及追馬寶巴養元並有功積晉世職輕車都
尉尋卒子鄂奇以前
恩詔過溢旼襲騎都尉兼一雲騎尉

吉林通志卷九十七

人物志二十六　國朝十一

達爾漢　鄂羅塞臣

察哈喇子富喇克塔　葉喜諸孫陳布祿

恩格圖　甘都

舒賽子西蘭　哈甯阿猶子伊克慎族孫噶布喇

達珠瑚子翁阿岱　布丹

法譚　託克推

景固爾岱從弟崇阿　錫圖庫

康喀賚子錫納海　孫達理

薩璧翰 子喀爾沁 孫哈爾弼 弟瑚什
子扈査祿 孫孟寶

費揚武 吳達禮 弟伊博克圖 兄
子伊爾都 從弟

雅賴 雅海 武善

達爾漢姓郭絡羅氏沾河寨長揚舒

太祖時率所部來歸尚長公主爲額駙初隸滿洲鑲黃旗後
改正藍旗從征尼堪外蘭以計破薩爾滸城擒其長
納嗣數立戰功而卒

太祖臨其喪重惜之者其父也達爾漢長公主出初任佐領
尙和碩公主爲額駙從征葉赫誅其貝勒錦台什復
累戰功授一等男爵

太宗嗣位擢列八大臣任鑲黃旗都統隨大貝勒代善征扎
魯特部單騎追擒其台吉復征棟揆俘古穆楚赫爾
杜喀爾代青多爾濟三塔布囊父子晉子爵天聰元
年大軍征朝鮮克義定安三州斬其府尹李莞等國
王李倧請和與都統納穆泰等莅盟師旋
太宗宴勞之尋從
太宗攻明錦州有功貝勒阿巴泰以
賜宴時不得與大貝勒並列使達爾漢以耻與子弟雜坐
聞先是
太祖命其子代善猶子阿敏第五子莽古爾泰同

太宗佐理國政以齒稱大貝勒二貝勒三貝勒
四貝勒位羣臣上及阿巴泰之請
太宗謂達爾漢曰爾宜勸諭之奏朕何爲未幾察哈爾使臣
昂坤等來歸故事當設宴阿巴泰復使納穆泰申前
請
太宗以達爾漢有啟導貝勒之責前此不能勸諭而以其言
奏
命解都統任尋復之三年從攻明遵化以本旗兵攻北城之
西克之明年敖漢奈曼諸蒙古兵攻明昌黎不克
詔與都統喀克都哩率千人馳赴至仍相持會永平灤州皆

下
命班師遂焚其近城廬舍而還五年
太宗詔八大臣陳政事闕失奏言臣以微賤猥厠大臣之列
國家果有過舉豈敢不言闕失本無指陳何自至於小
民咎怨實有由來從古無政治和平而致怨者臣請
自今洗心正己矢公審斷以協羣情凡有所見必與
以
聞用圖報稱其秋從攻明大凌河城以本旗兵圍北隅之
東深溝峻壘與都統楞額禮環而守之敵步騎五百
出戰率八十人逆擊敗去明日復出再擊敗之敵壁

濠死者百餘明年從
太宗親征察哈爾軍次哈納崖所從蒙古二人盜良馬六奔
察哈爾告大軍將至林丹汗舉部西驅歸化城富戶
及牲畜渡黃河而去坐家人漏洩降爵一等男七年
明登州參將孔有德以所部及戰艦來降奉
命與都統篇古駐兵江岸守其船明年復從征察哈爾遂入
明上方堡毀邊牆略朔州分兵抵宣府右衞是年
詔免功臣徭役達爾漢與焉並增給佐領下人戶九年
太宗遣諸貝勒征明山西
命同都統阿山等營明寧錦扼要牽制其兵不得西援遇敵

兵八百擊敗之斬錦州副將劉應選凱旋
賞所俘獲崇德元年都統篇古拜音圖譚泰葉臣阿山石廷
柱劾都統伊爾登讒謗諸王及大臣事下法司達爾
漢助伊爾登爲之證辨其辭先後互異坐罰鍰尋隨
武英郡王阿濟格征明率本旗兵攻順義縣先登晉
爵一等子旋以克城不謀固守復陷於敵縱兵離伍
爲敵所殺坐奪俘獲且罰鍰其冬從征朝鮮明年坐
朝鮮王李倧謁
太宗時亂班釋甲於
朝言不飲酒出輒私飲並失察徇情諸罪應罰鍰追奪

賞賜得
旨罰鍰六年隨鄭親王濟爾哈朗等征明錦州師還坐王召
議禦敵不即至護軍統領鼇拜擊敗明兵謂爲豫親
王多鐸所敗且嗾副都統翁阿岱等與諸護軍爭功
黜爵罷都統任順治元年卒年五十有五子鄂羅塞
臣自有傳
鄂羅塞臣敢戰有父風天聰元年從其父征明錦州
有功任護軍參領三年從征明燕京偕護軍統領哈
甯阿破巡撫袁崇煥營
太宗嘉之授騎都尉世職明年署副都統事隨貝勒阿巴泰

等守永平取糧於野明兵自開平衛至與戰敗之五年從圍明大淩河城數敗城中兵出戰者八年隨貝勒薩哈廉略明山西邊境至崞縣遇敵先衆擊之斬前鋒騎四獲其馬累功晉世職二等輕車都尉崇德元年從征朝鮮與副都統薩穆什克等敗其援兵明年列議政大臣三年隨豫親王多鐸征明甯遠有功既而王至中後所將往會鄭親王濟爾哈朗軍爲明總兵祖大壽所襲參領翁克等及隨征土默特部兵先奔鄂羅塞臣偕護軍統領哈甯阿等且戰且進士卒有死傷者坐削世職罰鍰六年隨征明圍錦州坐

聽從睿親王多爾衮等遣卒私歸及離城遠駐罰鍰其夏復隨鄭親王圖錦州殲明樵采者連敗經略洪承疇松山援兵而祖大壽以步兵出犯我鑲黃旗營我左翼騎兵避敵不與戰同參領阿桑喜率護軍直前搏擊久之敗去肅親王豪格欲爲左翼諱睿親王附和之並使謂鄂羅塞臣曰所敗明兵勿言皆護軍力亦勿言戰時未見騎兵也於是功罪並置明年事
聞
太宗罰睿親王銀五百兩肅親王千兩予鄂羅塞臣復授二等輕車都尉世職擢副都統八年偕參政巴都理征

黑龍江定其地順治元年凱旋
世祖遣近臣明安達禮迎勞以所獲戶口分隸八旗明年隨
大軍擊流賊李自成師抵潼關賊嬰城守先登克之
斬馘無算五年奉
命統兵駐滄州其冬隨英親王阿濟格擊叛鎮姜瓖明年錄
敘世效勞績舊臣晉世職一等
詔鄂羅塞臣和碩公主子
特恩晉男爵世襲罔替尋擢本旗蒙古都統兼刑部侍郎再
遇
恩詔晉爵二等子七年坐讞獄徇情罷侍郎任明年授都察

院左都御史未幾罷專管都統事十三年以疾乞休
慰留之十六年同安南將軍明安達禮率兵駐防荆州會鄭
成功犯江甯偕明安達禮下援戰揚子江勝之明年
還京仍任都統康熙三年卒贈太子太保
賜祭葬如故事謚果敏子鄂忒渾襲貝勒官都統鎮南將軍
察哈喇父常舒亦長沾河寨蓋揚舒之兄而察哈喇
於達爾漢則從兄弟也
太祖以常舒爲佐領隸滿洲鑲黃旗後改鑲白旗既卒察哈
喇嗣其任
太祖即位列十六大臣佐理正紅旗事天聰三年從大軍征

明取遵化薄燕京明年旋師取永平灤州
命大貝勒阿敏等守永平都統納穆泰等守灤州以察哈喇署都統率蒙古左右翼兵守遵化其夏與都統武納格設伏敵樵采所由敗之獲馬二百餘明將以步騎四千奪大安口偕武納格與戰斬殪甚衆明兵陷灤州納穆泰等走永平阿敏度不能禦檄遵化棄城偕歸會敵兵已逼城下同都統鄂本兌等突圍出全師以還五年
命都統楞額禮等征明南海島察哈喇率兩紅旗兵與俱次海濱獲敵船未足濟師因暫駐敵兵猝渡海來犯佐

領穆世戰沒亟麾衆奮擊而别遣八沈其船敵御趨
船不得溺死大半六年隨大軍略明宣府大同邊境
分兵略歸化城進濱大河
命同承政車爾格以兵五百爲前鋒且備船濟師其冬偕承
政巴篤理往朝鮮議職貢歲額九年隨貝勒多鐸征
明錦州與都統阿山參領奧拜等率兵四百前驅遇
明兵三千於大淩河列陳相持遣騎告貝勒貝勒統
師馳赴敵望見驚潰與阿山等分道追擊擒斬甚夥
凱旋分
賜所俘獲逾年卒子富喇克塔任佐領兼都察院理事官崇

德八年擢工部參政兼參領順治元年授正藍旗滿
洲副都統旋擢本旗都統隨睿親王多爾衮入山海
關擊敗流賊李自成追敗之望都授騎都尉世職其
冬隨豫親王多鐸追自成至潼關賊黨劉宗敏據山
列陳偕都統拜音圖以礮擊潰之賊犯我蒙古營督
兵逆戰幾盡殲之明年移師征江南與都統阿山馬
喇希率兵先驅走泗州北淮河橋明兵進克揚州三
年隨貝勒博洛征浙江以雲梯克處州進征福建偕
都統漢岱克分水關趨泉州連敗敵衆招撫州一縣
三兼一雲騎尉五年都統巴哈納等遵例奏授佐領

吉賽爲護軍統領坐扶同解都統任尋隨征南大將
軍譚泰討江西叛鎮金聲桓攻九江賊衆迎戰擊敗
之獲戰艦百餘偕都統何洛會截賊運道奪糧艘二
百進攻南昌聲桓與其黨王得仁糾賊七萬離城扼
要隘督衆以沙船二十薄其城明年賊平凱旋卒於
道先是遇
恩詔晉世職輕車都尉七年論江西功晉一等子福克都龔
葉喜者察哈喇從子也父布哈圖世管佐領崇德三
年葉喜以前鋒參領從征明有功五年從圍錦州連
敗松山援兵順治元年隨英親王阿濟格追流賊至

延安府城内賊兵出犯擊敗之復追賊至承天府獲
船四偕前鋒統領哈甯阿自大江追賊至富池口擊
敗賊衆盡獲其船復登岸擊賊步騎並敗之三年隨
豫親王多鐸討叛酋騰機思戰博爾哈士山手斬七
級招降喀爾喀塔什二十五戸進擊土謝圖汗兵陳
沒
贈護軍統領
予騎都尉世職猶子額爾遜襲而察哈喇諸孫曰陳布祿崇
德閒以佐領兼理事官數從大軍轉戰關内外有功
順治三年擊賊漢中偕鄂莫克圖敗賀珍兵隨肅親

王豪格征流賊張獻忠於四川連戰皆勝以功兼兩
遇
恩詔授騎都尉世職十一年從平浙江舟山晉世職輕車都
尉十七年卒
恩格圖科沁蒙古人世居哈達
太祖時挈家來歸授佐領隸滿洲正紅旗與參領阿岱駐伊
蘭布里庫防蒙古游牧者以十八巡徼海濱遇敵百
人追斬殆盡聞明兵千餘犯海州率兵三百馳擊敗
之其以少勝衆多類此天聰三年從
太宗征明燕京其總兵滿桂等赴援先衆與戰有功尋薄遵

化破山嶺敵營入大安口並爲軍鋒授輕車都尉世
職擢兵部承政考滿晉世職二等旋授本旗蒙古都
統崇德元年隨武英郡王阿濟格征明偕阿岱等分
率甲士設伏其三屯營守備率兵來偵伏發圍而殲
之尋與都統譚泰等征朝鮮以雲梯登其城敵兵潰
走大獲以歸先是隨武英郡王戰松山正藍正白鑲
白三旗陳亂徇不舉發師旋不俟後隊先行出邊猝
遇敵戰敗坐奪俘獲罰鍰及征朝鮮在軍方食奉
召不即赴且不嚴束步伍致廝卒妄行爲敵所殺論鞭百
詔免之罰贖三年隨貝勒岳託征明密雲距牆子嶺五里卒

兵先諸將越高峯入邊破敵五年隨鄭親王濟爾哈
朗等圍明松山城敵以夜來襲率本旗兵力戰敗之
六年從
太宗征明錦州其經略洪承疇合軍赴援營松山
命與前鋒統領吳拜等分擊之諸軍既進稱未奉
上命不至所期地將戰披氈而坐遇敵不前師旋論罪應褫
職罰鍰得
旨免褫職罰如律又論攻明錦州敵犯鑲黃旗貝子尼堪失
察我兵怯戰者徇隱不以
聞應罰鍰

太宗以諸王貝勒及大臣等久駐錦州積有勞勩凡罪宜予
寬宥於是亦免議
命更番駐守松山順治元年從入山海關擊敗流賊李自成
明年晉世職一等兼一雲騎尉隨豫親王多鐸追破
流賊於潼關賊夜犯正黃旗營率兵往援俘斬甚衆
軍還賊復分躡我後殿而與戰四接皆勝進征江南
破明將鄭鴻逵於瓜州隨端重親王博洛下浙江大
破敵衆獲舟三十五旋攻克嘉興府與都統馬喇希
進圍崑山縣敵兵迎戰連敗之克其城三年晉男爵
隨征福建偕都統漢岱及副都統鄂羅塞臣招降府

二縣十有三遣軍助擊敵帥吳凱兵萬餘攻克分水
關戰南靖縣復捷累功晉爵二等男尋晉一等五年
征江西叛鎮金聲桓卒於軍子鄂爾濟圖幼以兄子
克什圖襲遇
恩詔晉爵子十八年分授克什圖騎都尉
命鄂爾濟圖襲一等男
甘都蒙古人世居長白山自其高祖遷葉赫遂爲葉
赫人忠廉善騎射有名將風見葉赫不足事率衆歸
太祖葉赫遣兵要之遂北奔蒙古依巴林台吉以居因通蒙
古文以巴林爲氏久之卒來歸

太祖嘉其誠授佐領隸鑲藍旗時天命九年也天聰元年歲
大歉斗粟八金傾囷贍所屬畜積爲空
太宗特旨奬之以
國賦未充奏請與蒙古諸部落互市懋遷有無財用以
足從征明甯遠戰城北山岡執纛者傷取以進敵敗
追至城壕三年從克明大安口戰勝玉田縣
太宗旣取遵化簡之以守明年大軍棄遵化出邊以所部殿
擊敗敵兵來襲者授輕車都尉世職擢兵部參政考
滿晉世職二等尋裁參政改兵部理事官崇德三年
隨貝勒岳託征明薄燕京擊其總兵祖大壽及內監

高起潛兵敗之趨山東攻下濟南府明年師還取道
鰲縣克其城晉世職一等坐他將爭功引證其事罰
鍰五年從征虎爾哈部索倫兵五百據掛拉爾屯偕
承政索海理事官喀喀木攻破其栅斬級二百擒二
百三十八以歸明年從圍錦州明經略洪承疇營松
山數以步騎來犯擊之並卻去徐騰芳者恭順王孔
有德長史陷敵陣突入援以出七年錦州下以功兼
一雲騎尉順治元年從入山海關擊敗流賊李自成
其冬隨豫親王多鐸追賊至陝西與戰數勝遂克潼
關取西安明年移師江南偕都統恩格圖馬喇希等

取宜興崑山二縣晉男爵三年隨端重親王征浙江
追明總兵方國安於黃巖圍之敵勢旣困開一面縱
之出遂拔其城降偏裨二十兵八千有奇進征福建
先衆克分水關追明唐王朱聿鍵於汀州降漳州府
及漳平縣五年征南大將軍譚泰討江西叛鎮金聲
桓
命以前鋒統領參贊軍務遇
恩詔晉男爵二等尋疾譚泰就視之問所欲曰丈夫死王事
何憾有弟巴爾賽相從戎馬勞苦甚至願以襲爵委
署章京恩克參今權所轄佐領勤愼有守願授以章

京子弟不堪任也言竟而卒譚泰歎其公忠並奏如
所請弟巴爾賽襲此據八旗通志滿洲名臣傳云子武山布襲再遇
恩詔晉爵一等兼一雲騎尉
舒賽世居薩克達以地爲氏天命四年來歸
太祖隸滿洲鑲藍旗從敗明總兵馬林等於尙閒崖以功授
騎都尉世職尋從征瓦爾喀多所俘獲晉二等輕車
都尉
太宗踐祚擢列十六大臣天聰元年從征朝鮮師還
命同都統阿山率兵駐守義州八年
太宗征明以鄭親王濟爾哈朗留守

盛京

命與副都統棠阿圖等副之初舒賽以驍勇稱凡攻戰輒被

䌽甲先登

太宗壯之又慮其輕進數

詔自愛用是益感奮最其前後所下十六城至是

賜敕晉男爵崇德六年以疾卒順治十二年追謚壯敏於墓

道立碑孫席特庫襲爵與姓佟佳氏者同名子西蘭天聰八年

由佐領授騎都尉世職順治元年擢護軍參領隨副

都統鄂羅塞臣等征黑龍江生擒二十餘人尋隨豫

親王多鐸追討流賊李自成師次潼關三戰皆捷二

年隨貝勒博洛征江南招降松江府移師福建攻平
和縣克之以功兼一雲騎尉遇
恩詔晉輕車都尉七年卒長子席特庫既襲祖爵次子阿蘭
襲席特庫數征戰有功晉男爵二等
哈甯阿姓富察氏世居額宜湖父阿爾圖山丁未歲
率其族攻薩齊庫城殺部長喀穆蘇尼堪招撫三百
餘人來歸
太祖以任佐領隸滿洲鑲白旗後分編八戶
命哈甯阿亦任佐領天聰二年隨貝勒岳託征明錦州略松
山杏山高橋滃臺堡有功授護軍統領三年從

太祖征明燕京與其巡撫袁崇煥及總兵祖大壽戰廣渠門外勝之授騎都尉世職明年奉

命以精兵百人略明境五年隨征明大淩河八年隨征明大同先馳至小西城列攻具我軍乘以登尋以二十人出略遇敵兵三百縱擊敗之明年偕承政圖爾格徇地入明山西界師旋過平魯衛敵兵躡我後回軍與戰敵卻追至城濠斬馘無算累功晉二等輕車都尉崇德元年從征明皮島有功明年列議政大臣三年隨豫親王多鐸會鄭親王濟爾哈朗軍征明道出中後所祖大壽輕兵來襲參領翁克及土默特兵先奔

哈甯阿且戰且進士卒多殞坐死
詔免死褫世職籍家產之半明年坐論征明失律佐領阿蘭
太罪徇庇應死
詔宥而責之六年從圍明錦州其經略洪承疇集兵十三萬
赴援
太宗親統大軍環松山而營度明兵且遁
命同護軍統領鼇拜率左翼軍陳右翼地右翼軍以次遞列
屬之海濱夜漏下敵果循海走率軍掩擊敵自蹂躪
死者枕藉尋進攻松山累戰皆捷
惠敏恭和元妃之喪隨武英郡王阿濟格守高橋輔國公

扎喀納於軍中歌舞坐不舉劾逮繫尋釋之八年偕護軍統領阿爾津征虎爾哈部獲男婦二千五百有奇牲畜貂皮無算閏五月凱旋被

優賚順治元年隨睿親王多爾袞入山海關擊流賊李自成追至望都大破其衆又偕都統譚泰率前鋒兵追敗之正定賊焚輜重遁明年復授輕車都尉世職是年擊賊綏德州賊望風遁追敗之延安府城中出援犯我左翼軍擊之卻走時自成遁武昌追之道有賊衆二百餘圍我軍五八馳騎援以出無敢攖者進至安陸獲賊艘八十旋與譚泰合兵下江南戰揚子江奪

敵戰艦追至富池口敵陳岸上與戰再勝三年隨順
承郡王勒克德渾征湖廣流寇僞伯吳汝義降其衆
復晉世職爲二等其夏隨肅親王豪格擊敗叛鎮賀
珍於漢中逐北至三寨山山勢壁立賊黨武大定據
之未可攻圍之數日僞遊擊周克德遣子來降導軍
由僻徑登其守將石國璽爲内應偕副都統阿拉善
署護軍統領噶達渾以兵六百攀壘入賊自山墮崖
下者纍纍斬刈略盡進征張獻忠戰夔茂資三州及
遵義並捷五年師旋晉世職一等卒年六十子李顔
襲伊成格者哈寗阿弟也天命初以佐領從征伐越

天命崇德至順治初累立戰功予雲騎尉世職子伊
勒愼襲康熙元年從征雲南二十九年從征噶爾丹
戰烏蘭布通並有功由佐領洊擢西安副都統遷護
軍統領旋擢都統三十四年再征噶爾丹撫遠大將
軍費揚古統師西路
命參贊軍務有功晉世職騎都尉尋以年老致仕而哈甯阿
族孫噶布喇順治六年從征大同叛鎮姜瓖再戰皆
勝進至汾州進士鎮復敗之以功兼遇
恩詔授騎都尉世職所任未詳嗣數立戰功十六年從征福
建攻鄭成功於廈門成功列戰艦六百艘於海上以

拒擊之小卻尋偕佟濟等往蓋峙山遇敵與戰沒於
陳
卹贈二等輕車都尉子噶林襲
達珠瑚姓兆佳氏世居訥殷祖曰達爾楚
國初來歸後隸滿洲正藍旗達珠瑚初任佐領從
太祖征烏喇斬級四十大軍克西林屯俘其人戶以歸敵衆
追襲回軍與戰敗之斬級五十尋率所部征葉赫斬
級三百俘五十八人遇越界采蔘者斬三十級俘六人
其戰甯古塔尤力功尤多敵來侵率護軍出禦陳斬
其將一兵百獲甲百副馬三百累授男爵天命十年

率兵征東海瓦爾喀凱旋
太祖出郊宴勞之明年征卦爾察部俘獲無算
太宗嗣位擢列十六大臣天聰元年從征朝鮮克義州留兵
駐守
命分統之尋復征瓦爾喀部大獲且旋師爲俘卒所害年六
十有三子翁阿岱襲順治十二年
世祖與英古爾岱論國初功臣稱達珠瑚之忠追謚襄敏視
一品大臣例於墓道立碑先是天聰八年
太宗命征瓦爾喀
諭諸將曰前所遣達珠瑚疏忽遇害念其久著勞績許承襲

世職爾等無達珠瑚之功儻不自愼欲希格外之恩不可得也翁阿岱初任佐領旣襲父爵管參領事隨都統巴奇蘭薩穆什喀征虎爾哈部有功兼一雲騎尉崇德三年授工部副理事官明年擢都察院參政兼本旗副都統五年奉

命同副都統多積禮率兵防禦錦州稽察叛逃明年大軍圍錦州營城南山巔明經略洪承疇集援師松山以步兵來犯我左翼禦之失利時守右翼率兵突出敵卻追擊之山下敗其騎兵復與參領鼇拜率護軍破敵步兵營事

聞被
優賚尋合兩翼兵擊敵松山薄營力戰殞焉
賜銀千兩晉爵一等男無子以弟之子濟木布襲
布丹姓富察氏世居葉赫故烏魯特貝子也天命七
年率所部歸
太祖分轄葉赫八戶爲佐領後隸滿洲正紅旗天聰八年以
前鋒參領從征明大同攻萬全左衞城先登克之被
優賚予雲騎尉世職明年隨貝勒多鐸征明錦州師旋敵猝
來襲都統石廷柱所部有被敵圍者陷陳援之出時
太宗別遣師由歸化城征明山西

命與前鋒參領吳拜率兵百人駐上都城舊址偵軍事會奏
捷使至與俱還崇德元年隨武英郡王阿濟格征明
將入邊擒邏卒進敗敵騎兵連取雕鶚嶺長安嶺二
城並先登轉戰至涿州擒斬無算師還敵潛出居庸
關設伏要劫我輜重至則擊走之四年同前鋒參領
沙爾虎達等率土默特兵二百略甯遠北界敵堅壁
不出獲其樵采者以歸明年大軍圍錦州敵離城築
臺相犄角偕前鋒參領納海色赫蘇爾德馳擊斬四
十八又邀斬樵采者稱是敵再以三百騎至擊卻之
尋與納海等往小淩河明總兵祖大壽遣蒙古十七

人自錦州至殲之六年明經略洪承疇集援兵松山犯我前鋒偕諸參領禦之有斬獲尋擊敗杏山後敵騎明年錦州下論功晉世職騎都尉隨饒餘貝勒阿巴泰征明入黃崖口趨薊州擊其總兵白騰蛟白廣恩等軍敗之斬獲甚眾順治元年隨睿親王多爾衮破流賊李自成黨唐通於一片石遂入山海關追賊安肅及望都連戰皆捷以功兼一雲騎尉並世襲罔替數遇

恩詔晉一等輕車都尉九年擢本旗蒙古副都統十一年卒

賜祭葬如故事謚勤毅子翊素理襲

法譚姓他塔喇氏世居長白山之瓦爾喀後隸滿洲
正紅旗初以護軍校從
太祖滅葉赫取明遼陽以功任佐領天聰元年從
太宗征明甯遠敗其兵於城北山岡射殪六人手刃二脣亦
爲敵傷
賜馬二七年予騎都尉世職崇德三年隨貝勒岳託征明入
自牆子嶺敗密雲步兵趨山東攻郯城縣下之明年
隨承政薩穆什喀索海等征虎爾哈部攻克雅克薩
城六年大軍圍錦州明經略洪承疇據松山以兵犯
我右翼隨肅親王豪格擊卻之旣大軍分圍松山敵

攻我前鋒營爲我軍所敗將奔塔山偕衆邀擊明兵
赴海死者無算八年隨鄭親王濟爾哈朗征甯遠攻
下前屯衞中後所二城順治元年任參領兼工部理
事官從入山海關以步兵擊敗流賊李自成兼一雲
騎尉明年隨順承郡王勒克德渾征湖廣三年自成
黨一隻虎犯荆州逆蹂其營賊敗潰逐北至宜昌自
成弟李孜及僞磁侯田見秀僞義侯張耐等並率衆
降考滿晉世職輕車都尉五年擢右翼步軍統領三
遇
恩詔晉世職一等兼一雲騎尉康熙元年以病致仕五年卒

年六十有四
賜祭葬如故事分世職以子鄂德襲三等輕車都尉色勒壁
襲騎都尉兼一雲騎尉
託克推世居虎爾哈以地爲氏兄納罕泰長其屯天
命四年同攜親屬及所部百餘戶來歸
太祖遣官迎之
御殿賜宴及裘服奴僕田宅器用馬牛授納罕泰理事大臣
而以託克推任佐領隸滿洲正紅旗天聰三年遷護
軍參領從征明入自龍井關遇三屯營哨卒斬五人
獲馬七奉

命護糧敵兵來劫斬數人奪其纛遂卻去進會大軍攻克遵化州五年偕參領榜素等以兵百人至明錦州斬其哨卒擒間諜以歸其秋
太宗統師圍明大淩河城
命隨貝勒阿濟格率兵扼錦州松山要擊明兵赴援者敵自錦州來犯與戰敗之追至城下斬獲甚衆八年同都統阿山等略錦州多獲牛馬秋從
太宗征明大同凱旋出尙方堡遇察哈爾諸宰桑來歸
命率兵護其家屬還
盛京累功予騎都尉世職明年偕護軍統領布哈等略

明邊境至甯遠獲馬牛百數擒七人既出邊敵兵千
人來追布哈殿後戰死與參領阿濟拜及哈坦弁力
還擊敵敗去以所獲分
賚之崇德三年隨貝勒岳託征明由牆子嶺入邊越燕京趨
山東圍臨邑縣督所部以雲梯攻克其城
賜良馬及銀明年擢本旗蒙古副都統崇德六年隨睿親王
多爾袞圍明錦州擊其經略洪承疇援兵卻之猝爲
敵礮所中明年以創解副都統任順治元年起爲
陵寢總管明年卒年六十有三子摩和託襲
景固爾岱姓扎庫塔氏居虎爾哈部烏喇嘗招之降

不從及
太祖遣兵征東海渥集部聞之徒步來歸隨征虎爾哈部追獲叛人偕衆攻取烏爾固辰路擒斬甚衆遂攜親屬及所隸三十戸俱西任佐領後隸滿洲正白旗天命三年從
太祖征明入自雅鶻關攻河城克之擢參領仍兼佐領大軍取遼陽瀋陽並在行間有功授二等輕車都尉世職天聰八年
命同參領吳巴海率兵四百征瓦爾喀部招降屯長芬達哩及其衆五百餘戸俘阿庫里尼滿部千餘人獲貂虎

等皮無算明年凱旋
命禮臣設宴迎勞即以所獲分
賜晉世職一等崇德二年隨武英郡王攻明皮島克之
賜裘服鞍馬銀布駝牛諸物順治七年九年三遇
恩詔晉爵至二等男十一年卒
賜祭葬如故事謚曰忠直崇阿者其從弟也初任佐領天聰
八年從征明大同略回雁堡我軍數人爲敵所圍怒
馬抉其圍援出之崇德元年從征朝鮮破敵桃山村
六年隨鄭親王濟爾哈朗圍明錦州有蒙古烏巴什
等遣人約降我軍克其外郛敵猶巷戰偕衆擊敗之

明年隨貝勒阿巴泰征明敗敵渾河轉戰至山東壽光縣予雲騎尉世職順治元年旣入關隨豫親王多鐸追流賊李自成至潼關連敗賊衆明年從大軍進浙江攻拔湖州府移師福建擊敗明唐王朱聿鍵兵於福甯晉世職騎都尉五年隨征南大將軍譚泰討江西叛鎭金聲桓敗賊黨王得仁於南昌其冬廣東叛鎭李成棟犯贛州以應聲桓同副都統覺善往援會巡撫劉武元總兵胡有陞等內外夾擊成棟大敗單騎遁明年破賊兵二萬於南康進圍信豐克之成棟墜水死凱旋以功晉世職輕車都尉數遇

恩詔晋世職一等景固爾岱之卒也無子以崇阿襲二等男
爵別以其弟之子巴音布襲一等輕車都尉十三年
以景固爾岱親弟之子富勒都襲二等男爵仍復崇
阿一等輕車都尉康熙十八年崇阿以疾乞休子朶
杜襲
錫圖庫姓烏札喇氏世居烏喇據滿洲名臣傳八旗通志云黑龍江人
兄福蘭當
太祖時率屬來歸予騎都尉世職後隷滿洲正白旗尋卒錫
圖庫襲焉任佐領兼前鋒參領天聰四年大軍旣取
明永平偕參領圖魯什等率兵徼巡敵境擒哨卒二

獲馬十有七明年奉
命偵敵大淩河得其要領道擒二人還旋從
太宗圍大淩河城擊敗錦州援兵六年從大軍征明宣府大
同分略邊外多所俘獲八年偕諸將略蒙古錫爾哈
錫伯圖地斬七十餘級獲戶口百餘及牲畜以還分
賜所獲累功晉世職一等輕車都尉九年同前鋒統領勞薩
等入明邊克長城略代州朔州斬獲甚眾崇德元年
隨睿親王多爾袞征明甯遠以二十八爲大軍先至
中後所及山海關東數擒哨卒獲其馬遇敵前屯衛
設伏擊敗之二十八無傷者初喀木尼漢部葉雷等

來歸居多博科地尋盜科爾沁部馬挈妻孥遠遁追者輒爲所害奉
命率前鋒護軍往甯古塔會副都統吳巴海躡之事具吳巴海傳明年師還
太宗遣大臣迎五里宴勞晉爵一等男五年偕護軍統領濟席哈率所部並徵外藩敖漢奈曼烏喇特諸部兵征索倫部敗之於甘河擒叛酋博木博郭爾之弟布固德復追擒博木博郭爾籍戶口千餘獲馬數百明年師還
賜宴北驛館晉子爵擢本旗副都統七年隨貝勒巴泰征明

由薊州越燕京攻山東兖州克之坐所率右翼兵不
與左翼期會先出邊應罷副都統任
詔從寬罰銀百兩明年擢前鋒統領順治元年隨睿親王擊
敗流賊李自成黨唐通於一片石入山海關追賊於
三河擒其遊騎敗之安肅獲馬百餘進征山西同都
統葉臣等取太原擊敗僞磁侯田見秀於汾州又敗
賊絳州論功晉爵二等子時自成據陝西大軍由潼
關殺德兩路分進率兵會之至延安擊賊衆大捷自
成遁湖廣移師安陸至荆門殲賊無算獲船百餘三
年隨肅親王豪格征四川滅流賊張獻忠晉爵一等

子五年隨鄭親王濟爾哈朗征明桂王朱由榔時湖
南郡邑多爲所據明年師次長沙偕前鋒統領努山
先以兵渡江攻湘潭努山破北門錫圖庫破西門下
之進克永興斬其總兵尹皋智杜貞明等獲馬七十
船四百尋偕諸將定寶慶府及全州敵將焦璉等分
三路來犯率所部擊卻之進克永安定道州七年凱
旋
賜銀三百兩明年有許告英親王阿濟格欲爲亂與聞其謀
坐死
康喀賚姓瑚爾喀氏或曰虎爾哈氏世居新達謨

太祖時舉族來歸會初立佐領俾任其一隸滿洲鑲藍旗屢
從征伐有功天聰元年
太宗嗣位設八大臣總管政務每旗一又設十六大臣理事
聽訟每旗二於是與舒賽任鑲藍旗理事聽訟大臣
有蒙古十五人自奉集堡叛逃偕正白鑲白兩旗大
臣阿達海吳拜追之不及集衆至都爾弼十五人還
鬬吳拜傷於槍不退康喀賚益奮併力與阿達海殲
之事
聞被
優賚五年初設六部每部一貝勒總管部務亦曰承政於是

與蒙阿圖祝世充囊努克爲工部承政崇德三年重
定官制部留承政一改授本旗滿洲副都統尋卒子
錫納海天聰九年隨睿親王多爾衮征察哈爾招降
林丹汗子額哲以還時每旗選二十人爲王府護衛
錫納海與焉崇德三年隨睿親王征明越燕京由臨
清直抵濟南五年隨鄭親王濟爾哈朗圍明錦州並
有功鄭親王奏授二等護衛父卒襲管佐領明年復
隨鄭親王圍錦州克其外郛明經略洪承疇率兵赴
援同前鋒統領努山往偵遇其哨騎於杏山擊敗之
獲其一騎旣而我左翼設伏松山以前鋒軍誘其援

兵至夾擊敵潰走奏捷
盛京還赴軍襲獲甯遠哨卒順治元年隨睿親王入山
海關擊流賊李自成敗之追至望都多所斬馘予雲
騎尉世職遷二等侍衛六年從平湖南凱旋兼任刑
部郎中尋擢一等侍衛兩遇
恩詔晉世職輕車都尉十七年擢本旗滿洲副都統康熙元
年同靖西將軍穆里瑪征鄖襄流賊郝搖旗李來亨
等三年會陝西湖廣四川三路兵討平之斬搖旗來
亨走死茅麓山十年以疾乞休十二年卒
賜祭葬如故事孫道福色襲

孫達哩姓魯布哩氏世居葉赫
太祖取葉赫籍其人戶隸滿洲正黃旗以選充驍騎從征伐
每戰爲軍鋒雖創不退數被
賞賜崇德三年隨睿親王多爾袞征明由青山口入邊越燕
京轉戰至山東攻濟南府克之明年凱旋論功以弟
一人先登
賜號巴圖魯授二等輕車都尉世職兼管佐領順治七年任
戶部理事官明年遷護軍參領三遇
恩詔晉爵至二等男十二年擢本旗滿洲副都統十六年遷
護軍統領康熙二年流賊遺孽劉二虎郝搖旗李來

亨袁宗第等聚匿歸州興山間
聖祖以都統穆里瑪爲靖西將軍都統圖海爲定西將軍統
八旗兵赴湖北會陝西四川兵合勦
命孫達哩領護軍與俱既至戰數勝破其茅麓山老巢賊平
乃班師十二年
詔獎久著勞績諸大臣加太子少傅十四年卒年七十有三
賜祭葬如故事謚曰果壯子杭書襲改隸鑲白旗
薩璧翰姓納喇氏先世居輝發父三檀
太祖時率屬來歸任佐領隸滿洲正藍旗既卒薩璧翰與兄
薩珠瑚授佐領輝發納喇氏族姓亦繁類爲

國爪牙殉疆場蓋有足多者
太宗嗣位以薩璧翰列十六大臣管本旗副都統事天聰五
年擢户部承政從
太宗圍明大淩河城其總兵祖大壽遣兵出犯禦之舍騎步
戰薄其濠獲敵馬敵城上施礮石我軍有巴遜者没
於陳突入取其尸以還八年
太宗親征察哈爾以貝勒濟爾哈朗留守
盛京
命與副都統蒙阿圖副之考滿予騎都尉世職崇德二年大
軍征朝鮮及明皮島凱旋與薩珠瑚舉貝子碩託匿

貝勒岳託所產馬及以死皮島廝役六人詭稱甲士
冒領賞賚碩託坐罰鍰薩壁翰族屬初隸碩託下至
是奉
命改隸饒餘貝勒阿巴泰旣而猶子吳達禮隨征朝鮮攜蓋
州駐防甲士爲廝役事覺坐失察革世職明年裁六
部承政各一員改吏部右參政四年列議政大臣六
年大軍圍明錦州其援兵自松山至與戰被創卒於
軍子漢楚哈承管佐領次子喀爾沁亦任佐領康熙
十三年擢護軍參領從討逆藩吳三桂攻沅江縣被
創

賚銀五十兩先後得功牌三十六三十五年隨撫遠大將軍
費揚古征噶爾丹戰於昭莫多有功予雲騎尉世職
漢楚哈子哈爾弼任一等侍衛康熙十八年隨甯海
將軍喇哈達征福建戰廈門陣没
卹贈雲騎尉世職吳達禮自有傳見後瑚什費揚武並薩璧
翰弟也費揚武亦自有傳瑚什崇德二年以護軍參
領隨貝子碩託等征明皮島戰没海上
卹贈雲騎尉世職子扈查祿襲六年從征明錦州順治元年
從入山海關擊流賊李自成並有功兼七年九年三
遇

恩詔晉世職二等輕車都尉歷官至副都統康熙十二年卒於官

賜祭葬如例子扈必漢襲次子孟寶任侍衛康熙十三年亦署參領從征逆藩吳三桂戰岳州陳没

卹贈雲騎尉世職例不得傳以死事書之

費揚武以護軍校累遷參領崇德七年

太宗命饒餘貝勒阿巴泰征明以所部從甫入邊明山海關總兵馬科迎戰擊敗其衆遂越燕京趨山東既至膠州敵兵千餘屯城外與戰敗之乘勝薄濱州麾兵樹雲梯先登攻克其城師還明總督范志完總兵吳三

桂等分兵扼我歸路軍進輒以所部先驅並破走之
比出險則爲後殿輜重及所俘獲無或失者予雲騎
尉世職
太宗以賞薄
命管佐領事順治元年
世祖嗣位遣睿親王多爾袞應吳三桂之請率師入山海關
從破流賊李自成騎兵追擊至望都復敗之尋署護
軍統領隨豫親王多鐸追勦自成於陝西師次潼關
賊將劉宗敏等以衆拒戰率本旗護軍陳山下步騎
迭來犯連敗之進破其二營明年春豫親王移征江

南仍以所部從至揚州偕護軍統領固納岱伊勒都
齊等攻城南隅獲船甚夥師因以濟偕護軍統領阿
爾津追明福王朱由崧於蕪湖其總兵黃得功迎戰
中流矢死擊敗其衆獲船三十有奇尋隨端重親王
博洛征浙江偕前鋒統領鄂碩副都統卓布泰等擊
走明大學士馬士英於杭州擒其總兵一旋剿海甯
平湖二縣土賊平之獲明總兵王之仁戰艦十有六
其冬擢議政大臣先是論入關破流賊功晉世職騎
都尉至是論平江南浙江功兼一雲騎尉世襲罔替
四年大軍征福建

命仍署護軍統領與俱以疾卒於軍
特旨遣官致祭
吳達禮薩珠瑚次子既從其祖三檀來歸任前鋒侍
衛兼王府長史崇德八年擢國史院學士順治元年
隨豫親王多鐸征河南陝西明年移師江南三年隨
端重親王博洛征福建時明唐王朱聿鍵稱號福州
爵鄭芝龍爲平國公大軍入閩聿鍵死芝龍擁兵觀
望端重親王遣赴泉州招之芝龍降四年考滿予雲
騎尉世職五年擢工部啟心郎八年調刑部三遇
恩詔晉世職輕車都尉十一年

世祖以八旗逃人日衆增設兵部督捕侍郎郎中員外主事等官別置廨署專理緝捕事擢爲左侍郎十三年以督察不嚴逃人緝獲者少坐瞻徇降世職

詔以洗心滌慮改過自新會考滿廕一子入監其冬與右侍郎梁清遠疏陳四事一申禁奸棍窺探緝獲之犯一嚴懲解役疏縱窩盜之人一分晰誣告逃人坐罪之條一增許逃人自首銷檔之例得

旨如所請行十七年甄別部院諸臣以職司督捕弗任勞怨下部議處降世職爲騎都尉改通政司通政使

聖祖即位擢吏部侍郎康熙五年因病解任八年起刑部侍

郎旋擢工部尚書十四年轉刑部十六年轉禮部尋
轉吏部二十年致仕卒
賜祭葬如故事孫阿林襲歷官護軍統領吳達禮弟曰伊博
克圖累從征伐有功順治六年洊任護軍參領再遇
恩詔予世職騎都尉十一年從大軍征福建鄭成功師次烏
龍港敵來拒眾不克渡以精鋭八十人先之擊敗敵
兵千餘戰福州及高溪並捷斬其總兵藍作霖等獲
船十二十八年以署護軍統領偕征東將軍濟席哈
討山東土寇于七有功尋坐事黜康熙九年起驍騎
參領十三年署副都統隨順承郡王勒爾錦征逆藩

吳三桂克岳州十九年還京卒兄伊巴漢子伊爾都
以護軍參領兼佐領康熙十三年隨康親王傑書征
逆藩耿精忠戰歿
卹贈騎都尉世職雅賴與覺羅者同名賜姓吳達禮從弟也康熙十
三年逆藩吳三桂叛以王府長史奉
命署副都統與一等侍衛阿喀尼率兵駐防兗州尋
詔移鎮江甯又移江西南昌府其冬
命討彭澤湖口賊敗之小姑山賊守彭澤縣力攻克之進復
都昌縣招撫康山餘黨軍事小定爲疏通水道民賴
之明年偕護軍統領耶素等進討湖寇連戰烏歸寨

等處斬級二萬餘獲船九百復餘干縣進取廣昌至
石峽陷賊伏中隕於礮
卹贈騎都尉世職
賜祭葬如典禮謚曰襄壯子班弟襲雅賴弟雅海任前鋒參
領順治十七年隨安南將軍宗室羅託征福建破鄭
成功於厦門獲船六百康熙十四年察哈爾部布爾
尼叛隨信郡王鄂扎往征破賊於大魯累功予騎都
尉世職
武善姓伊爾根覺羅氏世居呼納赫父噶盞
太祖時來歸隸滿洲鑲黄旗從征兆佳城及攻訥殷之佛多

和寨取安褚拉庫路並有功游列十六大臣奉
命與額爾德尼參訂
國書未蕆坐事死先是大軍滅哈達擒其貝勒孟格布
祿以歸旋謀逆囑蓋與善故坐之武善其長子初任
佐領尋兼參領天命九年明皮島總兵毛文龍遣兵
渡鴨綠江屯田諸島
太祖命與副都統楞額禮率兵襲擊斬級五百餘且焚其積
聚事具楞額禮傳旣而文龍復遣兵渡島焚房舍掠
牛馬偕護軍參領滿都禮等率兵追之斬遊擊備禦
各一千總二悉奪所掠以歸

太宗踐祚擢列十六大臣
命與諸將分略明錦州偕都統阿山率所部爲後隊受
方略相機設伏防護所俘還奏稱
旨授輕車都尉世職崇德元年我使臣以互市至朝鮮義州
偵知明兵潛入鹻場遣騎馳奏
太宗命同吏部參政吉思哈率兵馳援至卽擊走之三年駐
守歸化城土默特部長以喀爾喀扎薩克圖屯兵近
地將犯城來告
太宗親統師往征與副都統吳巴海並從扎薩克圖引遁遂
還師吳巴海厮卒盜取軍糧坐徇隱革世職罷任尋

起工部參政時瓦爾喀諸蒙古皆隸版圖修職貢凡
通使及宴勞輒
命典其事順治元年卒官

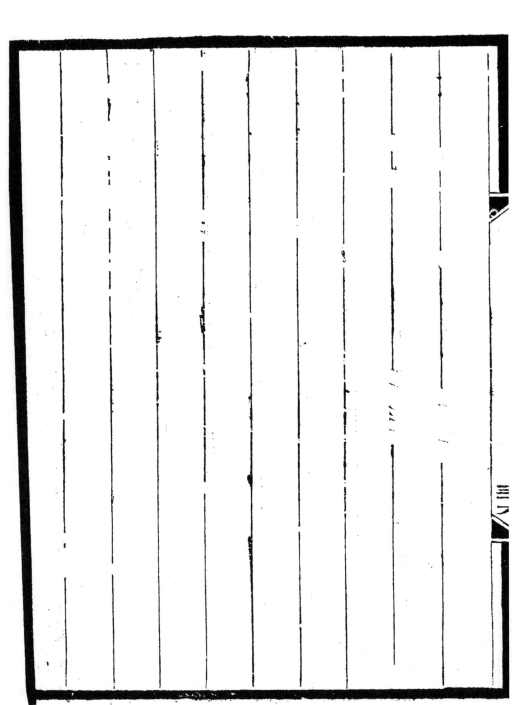

吉林通志卷九十八

人物志二十七　國朝十二

車克　族子尙機圖　烏庫理

希爾根子喀西泰　伊勒慎子則圖

路什子布納海　巴山子舒恕

碩詹　安達立子阿積賴

那穆都魯坤　哈什屯

米思翰　敦拜

濟席哈　費雅思哈子蘇丹

車克姓瓜爾佳氏居蘇完祖克爾業

太祖時來歸父席爾那任佐領隸滿洲鑲白旗旣卒車克仍
其任兼前鋒侍衛
太宗賜姓覺羅氏天聰八年從征明大同邊懷遠薄左衛城
與前鋒統領圖魯什等設伏敗其總兵曹文詔騎兵
略地越代州五百餘里至五臺山遇總兵祖大弼兵
二百餘擊走之並多斬獲崇德三年授戶部副理事
官會承政韓大勳私取庫金事覺坐貯庫時册檔失
記論死
詔免死罰鍰仍留部用尋兼任參領五年鄭親王濟爾哈朗
圍明錦州令與前鋒統領勞薩伏兵高橋坐縱敵弗

擊籍家產半明年復赴鄭親王軍破明經略洪承疇步兵三營順治元年從入山海關擊敗流賊李自成明年以功予騎都尉世職四年考滿兼一雲騎尉明年擢本部侍郎隨英親王阿濟格討大同叛鎮姜瓖分兵援太原與巡撫祝世昌遣破劉遷萬鍊等瓖尋伏誅七年兼任正白旗副都統再遇

恩詔晉世職二等輕車都尉明年遷都察院參政駐防河間佐領碩爾對訐部臣給餉不均下法司鞫實由尚書巴哈納主議坐任侍郎時附和降世職爲雲騎尉其秋擢戶部尚書九年列議政大臣遇

恩詔晉世職騎都尉明年
世祖以前降世職處分過重復二等輕車都尉十一年以夙
矢忠勤任部務著績
特加太子太保明年擢秘書院大學士晉少保奉
命輯
太祖
太宗聖訓充總裁官十三年疏辭大學士弗允且
詔吏部曰戶部尚書職司國計必精敏練達之才方能勝任
大學士車克嚮任司農廉勤久著可晉少傅兼太子太傅
仍管戶部尚書事明年考滿加少師兼太子太師十六年

命往江南督造戰艦明年同安南將軍羅託統兵征鄭成功奉

十八年

聖祖卽位

詔還京調吏部尚書先是有阿那庫者與兄金布爭產

詔均分阿那庫旋以金布隱匿婢女三訴戶部議以婢爲金

布所有於分產無涉置弗理阿那庫復與本旗佐領

吉詹爭論吉詹以違

旨妄爭牒戶部於是移牒刑部坐阿那庫違

旨罪論絞阿那庫妻擊登聞鼓訟冤

詔所司勘議阿那庫違
旨罪得釋車克應襯任罰鍰
詔削加銜免襯任康熙元年復授祕書院大學士六年以疾
乞休
詔原官致仕十年卒
賜祭葬如故事
予諡文端子渥爾敏襲餘子多通顯弟色格仕至都統尙機
圖則其族子也初以驍騎校駐防荆州從平盧溪縣
賊郭嘉等有功順治十六年從征福建鄭成功戰廈
門殉焉

卹贈雲騎尉弟羅多禮襲康熙十三年從征逆藩耿精忠至
江西戰建昌撫州兩府戰七星岡及弋陽縣戰浮潭
鋪並捷十六年隨鎮南將軍莽依圖自廣西征逆藩
吳三桂戰新村戰陶屯十九年隨征南大將軍賚塔
進雲南戰黃草壩亦並有功累授騎都尉世職
烏庫理姓扎庫塔氏先世居和克通吉父瑪爾圖當
太祖創業率百餘人來歸予騎都尉世職後隸滿洲鑲白旗
從征明錦州歿於陳烏庫理襲年十六郎宣力戎行
太宗命管參領事崇德三年隨貝勒岳託征明至山東其內
監馮永盛率兵迎戰敗之進攻濟陽縣攀堞先登所

部從之克其城師還偕步軍統領薩穆什喀爲殿敵
不敢逼道出太平寨步戰敗敵七年隨征明錦州戰
於松山敵卻旋合兵據北山營壘甚固直前擊之三
戰皆勝順治元年隨睿親王多爾衮入山海關敗流
賊李自成追躡至望都再敗之秋隨都統葉臣趨山
西攻太原府以十騎周視其城敵突出搏戰偕參領
薩壁圖杭愛縱横馳擊斬獲甚衆尋隨英親王阿濟
格徇陝西湖廣江西班師至池洲擊敗黄斐兵獲其
船十二還京任兵部理事官兼一雲騎尉三年隨肅
親王豪格征流賊張獻忠於四川敗賊將高汝礪騎

兵獻忠收潰衆遁追之斬獲甚夥師旋賊復躡我後擊卻之五年從討大同叛鎭姜瓖圍甯武關僞巡撫姜輝僞總兵劉惟思合兵來援關內出兵應之率三旗護軍往來遮擊戰關下及偏關西河營七戰七捷進趨左衛賊兵萬餘陳以待旣擊破其衆薄城下用紅衣礮克之多所斬殪八年調工部理事官俄還兵部三遇

恩詔晉世職一等輕車都尉十年

命同理事官額赫理率禁旅並江甯杭州駐防兵赴福建時鄭成功據海澄於要隘列火器拒戰擊破之復斷橋

以拒躍馬絕河徑渡敵衆驚潰又以兵三千屯海岸進戰敗去先後與都統金礪及額赫理等招降數千人平其寨數十以功兼一雲騎尉十二年擢大理寺卿疏陳五事一言國家定鼎以來滿洲士卒歲從征討所領月餉有定額而買馬置械一切軍裝皆所自備留京家口衣食維艱請

恩加賞賚一言兵燹所在民多流離目前雖奉

旨振貸將來作何安輯俾自爲生計乞

敕部速議便宜一言綠旗死事弁兵蒙

恩咸與贈卹請推廣
皇仁飭所司撫慰其妻孥量爲贍給一言江廣閩浙沿江濱
海盜賊出沒不常請
敕督撫即其要區詳察機宜設重兵以資防剿一言我
朝中外一家邊遠番夷職貢之外仍通貿易而西北蒙
古若厄魯特俄羅斯諸部尙阻聲教請
敕理藩院大臣酌議互市條例以昭畫一並下部議行尋奉
命往視黃河明年擢漕運總督時淮安連歲旱歉有司祈禱
無應旣視事齋戒步詣壇所大雨立沛四郊霑足比
返老稚歡呼爭至道左瞻頌之越三年考滿還京

賜鞍馬授
盛京總管康熙三年改總管爲將軍仍
命任爲疏陳所屬兵丁宜定更番直役之例以均勞逸
詔如所請先是
盛京設户部禮部工部侍郎等官未設刑部而兵民獄
訟隸之總管疏請增設於是始設刑部侍郎一郎中
二員外郎六主事三明年夏卒官軍民驚相告喪返
有哭送至山海關者
賜祭葬如典禮其世職二子分襲俄謀克圖襲三等輕車都
尉佛保襲騎都尉兼一雲騎尉烏庫理以忠義之裔

奮自早歲校其戰績諸將中故不乏也若夫言通治體政得民心則當時所僅見矣人各有能有不能豈不信哉

希爾根姓覺爾察氏世居長白山事

太宗藩邸任護衞隸滿洲正黃旗天命十一年蒙古巴林部貝勒囊努克背盟刼掠大軍討之攻其寨囊努克擁數騎遁希爾根追之馬蹶易馬突前敵騎皆靡

太宗遂射殪囊努克自是數從征伐有功予騎都尉世職崇德元年擢護軍參領從征明我軍分克昌平寶坻順義密雲東安文安定興安肅容城安州雄縣等邑以

護軍擊內監高起潛兵敗之擒總兵巢丕昌又偕都
統譚泰設伏敗三屯營騎兵師還敵躡我後諸軍護
輜重先行獨以軍殿論功超晉世職一等輕車都尉
明年從克明皮島其秋
太宗行圍箭從行者父雅賴以佐領與焉睿親王多爾袞
以已既從行乞免其父不許乃使告都統譚泰謂雅
賴宜免以珠爾堪代之及獵
太宗以珠爾堪不應與選詰問侍衛索尼奏曰與選者雅賴
希爾根給言已既從行故以珠爾堪代下法司坐欺
罔應褫世職罷任得

旨從寛罰鍰葢
太宗孝治天下爲重原其情而希爾根者亦可謂觀過知仁
雖獲愆君子猶諒之五年隨睿親王圍明錦州我軍
營山岡敵來攻擊走之復敗松山援兵師旋坐圍城
時離伍及言事不實罰鍰黜功不敘七年隨大軍入
明黃崖口進圍薊州其總兵白騰蛟來援迎戰破其
軍斬馘無算
世祖定鼎燕京以功兼一雲騎尉順治二年隨英親王阿濟
格追討流賊李自成由綏德州進圍延安府賊出攻
鑲藍旗營擊卻其衆賊將一隻虎恃其勇屢擁衆來

犯三戰皆捷進至西安偕前鋒統領席特庫躡賊殲
其二隊自成走湖廣追至安陸賊憑城以拒偕護軍
統領鼇拜攻克之獲戰艦八十移師武昌擊敗劫我
輜重之賊賊於江濱集舟數百將東下都統譚泰督
軍往取獨先至獲之凱旋晉男爵世襲罔替明年隨
肅親王豪格征流賊張獻忠與護軍統領哈甯阿阿
爾津蘇拜等敗賊黨高汝礪武大定進擊獻忠於西
充別趨涪州勦賊袁韜俘斬無算師還坐擊獻忠時
哈甯阿被圍弗救與阿爾津蘇拜爭功論死得
旨從寬罰贖降男爵爲輕車都尉五年隨巽親王滿達海討

大同叛鎮姜瓖圍太谷礮破其城偽知縣李成沛都司吳汝器遁追斬之進克大同及長子縣渾源州朔州復招降府州縣各一偕都統漢岱攻克遼州山西平晉世職二等訴前降爵冤

詔授一等輕車都尉兼一雲騎尉三遇

恩詔晉爵一等男九年擢護軍統領明年與內大臣額爾克戴青等會奏佐領敦達禮岱敏互訐事下法司鞫訊削敦達禮世職罰鍰敦達禮訟冤

命覆勘得釋因論法司誤坐及會奏諸臣徇罪降爵三等男尋擢內大臣追論戰功復晉男爵一等康熙十二

年

聖祖念宣力有年

詔加太子太保明年

命爲定南將軍討逆藩耿精忠師次南昌而廣信建昌撫州

已陷於是進軍撫州賊數出戰敗之擊走僞都督易

明援兵賊棄城遁僞將軍陳昇結土賊郭應守等犯

贛州令副都統甘度海參將塞勒等禦之陣斬僞總

兵柯隆李梁逐北至龍泉縣破賊三營又攻取曹林

十餘寨十四年擊僞將軍邵連登連敗之復建昌府

移師饒州破滅餘干浮梁樂平諸邑賊衆先是

聖祖命安親王岳樂爲定遠平寇大將軍統師南昌簡親王

喇布爲揚威大將軍統師江甯至是

詔安親王進征湖南奏言俟希爾根殲饒州廣信賊盡然後

規取長沙

聖祖以逆渠吳三桂早滅則江西福建之賊不勦自平趣速

進

詔簡親王率江甯兵二千赴南昌以希爾根爲副將軍協同

鎮守明年三桂糾賊陷吉安據之偕簡親王督師攻

圍十六年賊遁復其城

詔簡親王移鎮吉安希爾根仍駐南昌以年老

召還京十八年卒

賜祭葬如故事子喀西泰前殉疆場孫尚世特襲爵喀西泰

當三桂初反以護軍參領隨前鋒統領穆占征四川

賊將王屏藩營蟠龍山與戰方合他賊以水軍自江

登岸分兵禦之縱橫兩陳閒所殺過當力竭而殞

卹贈雲騎尉尚世特兼襲之

伊勒愼與姓富察氏者同名姓費莫氏世居薩齊庫烏喇攻降

其部獨率所屬來歸後隸滿洲鑲黃旗兄曰古蘇

太祖征烏喇

命招降輩悠城策穆特諸部烏喇惡之俘殺古蘇妻子

太祖閔焉予伊勒慎騎都尉世職尋從征明及戰沙嶺並有功累晉世職二等輕車都尉天聰五年奉
命統兵鎮海州時明邊將窺瀋陽數縱士卒入遼河採捕旣之鎮嚴防禦密偵探率所部駕輕舟時出追截先後斬獲人戶及舟艦器械無算七年論功兼以從征明旅順口斬馘多晉世職一等崇德元年以守禦功晉男爵其秋明造巨艦百餘橫截遼河爲攻戰計與各守將烈渾寨薩等循河分立營壘別遣兵遷近邊居民仍率將士設伏河口執諜者以獻敵兵不能犯引遁四年以參政與刑部承政索海征瓦爾喀部陳獲

噶淩河（疑阿字之誤）及其黨二百有奇旣而所監俘囚逃去博穆博果爾糾衆來攻先衆走索海等擊破賊衆又不邀擊其餘論死

詔褫世爵罷職鞭百籍其家六年坐防守海口時託言祭天則多魚苛斂軍士財物及私造浮圖等罪論死仍

詔鞭百八年起兵部參政復鎮海州順治元年旣定鼎

命爲牛莊城守官明年卒年七十有九子朗圖以佐領從征黑龍江力戰沒於陳

䘏贈騎都尉

路什姓納喇氏居章甲城父克恩

太祖時來歸後隸滿洲鑲黃旗崇德七年路什隨貝勒阿巴
賜號巴圖魯予輕車都尉世職任參領順治元年隨睿親王
泰征明至山東攻兗州府先登克之
多爾袞入山海關與佐領袞泰以步兵擊敗流賊李
自成復與副都統阿哈尼堪追敗之望都明年隨英
親王阿濟格追自成於陝西與副都統阿喇善敗賊
綏德州進圍延安府自成兄子錦據城以拒我軍我
軍七戰皆捷錦遁而自成爲豫親王多鐸所敗棄西
安南走商州遁入湖南英親王統大兵躡之至武昌
賊巢在焉其黨劉宗敏拒戰偕前鋒統領蘇拜擊敗

其眾俘自成妻子累功晉世職二等三年肅親王豪
格奉
命西征率兵以從叛鎮賀珍守雞頭關與護軍統領鼇拜力
戰破之遂入四川與護軍統領希爾根擊流賊張獻
忠敗之獻忠既滅分兵勦餘賊俘斬甚眾七年兩遇
恩詔晉男爵十五年隨信郡王多尼征貴州明桂王朱由榔
使其將羅大順拒戰與前鋒統領鄂納副都統噶褚
哈分兵三路敗其眾十七年累功晉爵二等男世襲
罔替康熙十七年隨貝勒尚善征逆藩吳三桂以所
部扼岳陽湖之九馬嘴賊舟乘風來犯鏖戰久之力

竭沒於陳事
聞
卹晉一等男兼一雲騎尉子布納海襲三十六年
聖祖親征噶爾丹隨撫遠大將軍費揚古由西路進戰昭莫
多有功晉爵子尋以老乞休
巴山姓瓜爾佳氏世居哈達祖巴岱
太祖時率眾來歸任佐領後隸滿洲鑲黃旗再傳至巴山仍
其任天聰五年從
太宗征明圍大淩河城明兵出戰副都統屯布祿殞焉怒馬
陷陳奪其尸以還或告以佐領郎格等二人亦沒於

陳復入取其尸明年大兵征察哈爾其部衆有竄明
大同邊境者往索之師還明兵來襲偕承政圖爾格
殿後伏兵要擊斬馘甚衆以功予騎都尉世職任參
領崇德元年從
太宗征朝鮮同參領屯泰等先衆破敵三年兼任工部理事
官其秋隨貝勒岳託征明自牆子嶺入邊薄燕京擊
其内監馮永盛兵敗之進攻矩鹿縣率所部以雲梯
先登克其城論功兼一雲騎尉五年同承政薩穆什
喀等征虎爾哈部攻掛喇爾屯有斬獲七年
命隨奉國將軍巴布泰率師駐防錦州順治元年隨睿親王

多爾袞入山海關以所部步戰敗流賊李自成晉世職輕車都尉擢工部侍郎明年授鎮守江甯副都統

三年

命總管江甯駐防滿洲兵時江北山寨未靖城中謀應之捕斬三十八人未幾明潞安王朱誼石糾衆二萬分三路來犯與副都統康喀賚等破走之旣而屯據攝山我軍進擊斬其渠數人餘潰明年明故官侯峒曾子侯元瀞遣謝堯文通明魯王朱以海於海島取其敕及黃斌卿致招撫大學士洪承疇書以歸爲柘林遊擊陳可所獲內有屬承疇斬巴張二將語謂巴山與提

督張大猷也事
聞
世祖以所云乃反問
特詔慰承疇而
獎巴山大猷曰卿等嚴察亂萌具見公忠盡職六年總督馬
國柱勦六安州山寨以兵會之陳斬其渠張福寰餘
寨悉平明年再遇
恩詔晉男爵九年還京十一年以久鎮江甯平賊寇有功晉
男爵二等康熙十二年卒
賜祭葬如故事子舒恕襲十五年隨大學士圖海討叛鎮于

輔臣師至平涼北城虎山墩輔臣以衆萬餘來拒擊
敗之尋隨都統穆占征逆藩吳三桂破賊衆三千於
湖北松滋縣進圍雲南敗賊將胡國柄劉把龍黄明
等又蹙賊將馬寶巴養元等於烏木山二十五年論
功晉一等男以年老乞休尋卒
碩詹姓富察氏世居訥殷父舒穆祿
太祖時來歸授佐領後隸滿洲正紅旗旣卒碩詹繼其任尋
兼參領天聰五年同參領杭什木沙爾虎達等略明
邊境有斬獲八年予騎都尉世職崇德元年
太宗親征朝鮮克其國都國王李倧遁保南漢城其妻子在

覺華島分兵取之乘船渡海越朝鮮戰艦而過偕佐
領阿哈尼堪率先登岸攻圍降其城論功兼一雲騎
尉三年兼任刑部理事官其秋隨貝勒岳託征明由
牆子嶺毀邊牆入越燕京略山東攻禹城平陰二縣
克之明年春師旋既出邊敵來追襲偕巴圖魯尼哈
里擊卻之晉世職輕車都尉秋舉本旗都統都類征
山東時索賄於降城又於濟南府發明德藩埋藏珍
玩悉私之下法司鞫實都類褫職籍家產入官
賚碩詹以其半尋擢戶部參政五年大軍征明錦州
命赴朝鮮徵其水師及糧由旅順口會大凌河稱

旨其秋隨大軍圍錦州參領禧福以甲士二十四人駐駱駝
山敵以步騎四百夜往將覆之聞警馳援與禧福斬
級二百餘獲馬十六七年管正紅旗滿洲副都統事
順治元年隨睿親王多爾袞入山海關擊敗流賊李
自成定燕京改參政曰侍郎仍任戶部秋八月
世祖遷都燕京
命統右翼兵留守
盛京冬隨豫親王多鐸由河南征陝西明年擊自成賊
眾敗之連破其營克潼關進取西安尋移師江南累
功晉世職一等四年考滿兼一雲騎尉明年隨鄭親

王濟爾哈朗征湖南時衡州府爲明桂王朱由榔總
兵陶養用所據六年偕都統佟圖賴伊拜等自湘潭
進距城三十里敵據橋立寨督兵擊敗之奪其寨斬
養用遂定衡州明年凱旋
賜銀三百兩兩遇
恩詔晉爵一等男八年駐防河間佐領碩爾對訟戶部給餉
不均部臣並降黜坐降一等輕車都尉復遇
恩詔兼一雲騎尉明年以老病罷侍郎及副都統任十年
世祖以前因給餉事處分過重仍復一等男爵康熙二年卒
年六十有四

賜祭葬如故事謚曰明敏孫達邑法邑分襲其爵並授二等輕車都尉而達邑以參領從征福建援海澄死之志於天聰崇德時人例傳二世故達邑事不得詳

安達立姓納喇氏世居葉赫隸滿洲正白旗嘗擊降明蒙古於鐵嶺有功天聰初隨貝勒薩哈璘駐防牛莊蒙古有叛逃者追斬之大軍攻明永平副都統葉臣以二十四人冒礮石先登安達立與焉

賜緞匹牲畜尋借參領圖魯什偵敵建昌夜與敵遇力戰我軍有中矢墜馬者援之出遊擢前鋒參領從大軍入明邊攻嶂縣率所部先登尋以四十人伏忻口擊敵

騎二百擒六人獲馬五十餘奪三纛及出邊都統圖爾格敗敵追兵安達立復邀擊之所殪甚衆予騎都尉世職崇德元年擢本旗蒙古副都統其冬隨貝勒岳託征明議入牆子嶺敵守隘口甚固同都統恩格圖率所部別邀嶺右陟高峯入邊敵騎七千迎戰先衆馳擊斬級無算遂越燕京略山東明年春師旋由青山口出邊擊敗敵衆追躡者克山巔一臺五年隨大軍圍明錦州敵自松山杏山來犯連戰皆捷明年復圍錦州其經略洪承疇集兵赴援破其三營俄敵至自塔山奪其挨牌鏖戰至日暮敵潰走翼日敵自

松山犯我右翼營復擊卻之七年兼一雲騎尉尋卒
年六十有三子阿積賴襲順治元年以護軍參領從
入關擊敗流賊李自成追敗之望都復隨都統葉臣
擊賊黨於懷慶勝之進攻太原數挫拒戰賊衆又分
兵敗賊黃河渡口署本旗蒙古副都統隨英親王阿
濟格攻延安賊出劫輜重擊走之追擊自成於武昌
連破賊壘自成竄九宮山躡剿之殪其黨甚衆論功
晉世職輕車都尉四年兼任刑部理事官明年署護
軍統領隨鄭親王濟爾哈朗征湖南分兵徇道州明
桂王朱由榔以其衆據永安關進破其柵壘衆潰走

獲馬二十餘七年凱旋
賜白金三遇
恩詔晉世職一等兼一雲騎尉十二年卒子海都襲
那穆都魯坤那穆都魯其氏坤其名也先世居綏芬
父伊納克當
太宗征瓦爾喀先眾迎降隸滿洲正黃旗天聰八年予雲騎
尉世職尋卒坤襲焉洊擢一等侍衛兼管佐領事崇
德六年從征明錦州其總兵曹變蛟乘夜犯
御蹕突正黃旗營門諸侍衛及親軍散列門左右坤獨中門
而戰甚力敵卻去

太宗嘉之
賜號巴圖魯
賚銀四百兩超晉世職一等輕車都尉順治二年甄錄
太宗眷顧舊臣各予世職坤兼一雲騎尉數迴
恩詔晉爵一等男兼一雲騎尉十年以奉遣祭
昭陵辭不往扈
蹕南臺不入直又擅取
賜配有屬之女爲妻下內大臣鼇拜等議罪應死籍沒
詔從寬罷任留一等男爵尋復一等侍衛十一年隨靖南將
　軍珠瑪喇征廣東署部統事時明桂王朱由榔遣其

晉王李定國自廣西犯廣東據新會縣山峪與諸軍合擊大破之追戰橫州江岸斬殪無算以功加一雲騎尉十五年授散秩大臣尋擢內大臣康熙十二年
詔獎勳舊大臣加太子太保是冬逆藩吳三桂反明年
聖祖以河南地廣兵少恐有乘間竊發者
命爲振武將軍率兵駐防汝甯既而陝西提督王輔臣叛據
秦州
詔移兵西安十四年
詔同副都統翁愛等進守漢中先是貝勒洞鄂由漢中進剿
保甯聞輔臣反還西安令將軍席卜臣以兵守漢中

及輔臣毁鳳縣偏橋阻我糧運又截棧道斷漢中聲
援坤以疏
聞
詔趣開棧道援漢中師次寶雞道阻不得進
詔罷將軍以內大臣留貝勒洞鄂軍大軍復秦州坤同將軍
佛尼埒追勦賊衆連戰皆勝復禮縣清水伏羌等城
時席卜臣以漢中乏餉乘間還西安十七年
詔趣大軍規復漢中以坤與副都統馬一豹等守潼關明年
以年老
召還京二十二年議政大臣追論奉

命援漢中頓兵不進雖有勞勣未足以抵應罷黜官爵並削
巴圖魯號
聖祖曰巴圖魯號
太宗文皇帝所賜其勿削並留一等輕車都尉世職二十四
年
聖祖念坤宣力有年雖獲罪軍中事非由己起授散秩大臣
詔年已衰邁如不能入朝聽其家居二十六年卒
賜祭葬如例孫顯圖襲
哈什屯姓富察氏世居沙濟城祖旺吉努
太祖時率屬來歸授佐領後隸滿洲鑲黄旗既卒子萬濟哈

襲管佐領哈什屯其長子也初任前鋒校天聰時授
侍衛尋襲管佐領擢禮部參政崇德二年同佐領喀
愷率兵分道征瓦爾喀俘獲甚眾明年
太宗親征喀爾喀部留守
盛京禮親王代善聞明總兵沈志祥欲以石城島兵眾
歸附遣招之志祥遂降是年重定官制改禮部副理
事官六年大軍圍明錦州其總兵曹變蛟夜犯
御營先眾出禦腕爲敵槍所傷裹創戰愈厲卒以卻敵
賜白金及蒙古人戸順治元年擢內大臣明年以勞勩久著
予騎都尉世職考滿兼遇

恩詔晉世職一等輕車都尉兼一雲騎尉七年列議政大臣
秋睿親王多爾袞疾偕貝子錫翰等往視睿親王曰
予有疾
上宜臨視尋曰毋以予言奏既而
駕臨視之睿親王罪大臣等違命妄請降世職爲騎都尉八
年
世祖親政知其無罪
命復世職如故兩遇
恩詔晉爵一等男初冷僧機諂附睿親王及誣兩黄旗大臣
謀立肅親王豪格事具博爾輝傳肅親王爲睿親王

所害鞏阿岱與何洛會議並殺其子富綬事具巴哈
傳至是
世祖正冷僧機等罪哈什屯並質之冷僧機等伏誅鄭芝龍
之降其子成功猶居海上爲福建患奉
命同内大臣遏必隆鼇拜大學士范文程宣
諭芝龍書招之芝龍遣人往福建取其妻妾及幼子至京十
年以宣力有年兼一雲騎尉十二年
詔獎奉職恪勤諸大臣加太子太保明年奉
敕使朝鮮鞫獄稱
旨尋以年老致仕康熙二年卒年六十有六

賜祭葬如故事謚恪僖子米思翰襲自有傳乾隆元年孫大
學士馬齊疏陳其功得
旨入祀賢良祠十三年
册謚
孝賢皇后
推恩先世追封一等公明年曾孫大學士傅恆經略金川功
成凱旋
詔視勳臣額亦都佟國維例
賜建宗祠春秋致祭以奬忠勳祀自哈什屯始
米思翰康熙三年由侍衛襲父哈什屯一等男兼一

雲騎尉管佐領事六年任內務府總管輔政大臣有

欲假尚方器物者輒嚴拒之不以予

太祖親政知其守正不阿授禮部侍郎八年擢戶部尚書尋

列議政大臣先是行省歲賦聽布政使存留司庫每

有移虧之弊疏請通飭各省自俸餉諸經費所餘悉

解部由是勾稽出入瞭如指掌當是時天下甯一而

尚可喜鎭廣東耿精忠鎭福建藩屬將弁惰游驕縱

吳三桂鎭雲南要請無已縱恣尤甚十二年可喜請

撤藩歸老遼東三桂精忠亦以請特嘗

朝廷非其實也疏下戶兵二部議米思翰與兵部尚書

明珠等議令俱撤移駐山海關外廷臣有言三桂不可撤者以兩議入奏得
旨如米思翰議旣而三桂反
聖祖命王貝勒率八旗兵征討議者謂軍需浩繁宜就近調兵守禦獨言賊勢猖獗非綠旗兵所能制宜以八旗勁旅會剿軍需內外協濟足支十年可無他慮於是請以內府所儲分年發給復綜各省庫金倉粟以時撥運並稱
旨明年借戶部諸臣疏言大軍剿賊屢奉
明詔以正賦給軍需恐有司尙借端私派請

敕各督撫嚴察所屬凡供應糧餉薪芻一切用官帑毋許詩派其購自民間者準時價支給勿纖毫累民奉
旨如議速行是年冬卒年四十有三
聖祖軫惜特至
賜祭葬如故事謚敏果方三藩之變時以議撤者速之而代爲之危
聖祖語廷臣曰朕自少時以三藩勢焰日熾不可不撤豈以其反委過於人耶及藩孽殄平
聖祖追憶持議之臣
稱米思翰不置子四第四子李榮保襲乾隆元年次子馬齊

疏陳勞勣
詔入祀賢良祠十三年
冊謚
孝賢皇后
推恩所生暨李榮保並追封一等公明年李榮保子傅恆以
功
賜建宗祠而哈什屯米思翰李榮保三世並入祀云
敦拜姓富察氏世居沙濟城於議政大臣哈什屯蓋
族人不知其遠近矣父本科理
太祖時來歸有朱舍理部長尤額楞者不賓

命同鄂佛洛總管達賴征之有功
賜號蘇赫巴圖魯管佐領事隸滿洲正黃旗尋卒子三人敦
拜其長也天命十一年以佐領從征明甯遠先驅偵
敵敗城中迎戰者師旋遇敵步戰殲二十人敵復以
騎來追殿後擊卻之天聰八年
太宗以克副任使予騎都尉世職崇德五年擢護軍統領隨
鄭親王濟爾哈朗圍明錦州敵兵出犯突入其陳斬
三人餘驚遁既而杏山敵騎一再來援並戰卻之明
年復圍錦州明經略洪承疇自松山遣兵犯我兩紅
旗營率所部禦之卻去尋犯我蒙古營馳援之斬級

二百餘獲雲梯十四以功兼一雲騎尉八年同護軍
統領阿濟格尼堪駐防錦州順治元年從入山海關
擊敗流賊李自成追敗之望都晉世職二等輕車都
尉先是自成走西安明福王朱由崧自立於江南二
年豫親王多鐸奉
命征江南取道河南先除自成賊黨敦拜率護軍以從師至
陜州賊將劉方亮以兵千餘來犯同護軍統領圖賴
阿濟格尼堪擊敗之其夜復襲我營力戰以禦大捷
遂破潼關進攻西安自成由商州遁湖廣同護軍統
領阿爾津等追斬三百餘人移師江南破揚州趨江

甯由崧聞大軍至走蕪湖追之明將黄得功迎戰中流矢死由崧爲其總兵田雄等執以獻晉世職一等

明年隨端重親王博洛征福建有功五年隨征南大將軍譚泰討江西叛鎮金聲桓賊黨據九江先驅至城下敗其衆聲桓與其黨王得仁糾步騎七萬自南昌迎戰合大軍力擊敗之招撫府一縣四明年奉

命勦畿南土賊斬賊渠十數任邱獻縣雄縣寶坻諸邑悉平

七年論西安福建江西功晉男爵尋隨睿親王多爾袞獵中後所以偕都統噶達渾等私行射生降一等

輕車都尉明年

世祖親政復爵如故九年遇
恩詔晉爵二等男十一年明桂王朱由榔遣其晉王李定國
自廣西犯廣東
命副靖南將軍珠瑪喇征之定國立寨新會縣山峪平南王
尚可喜先以兵防禦未及戰偕珠瑪喇合兵以進敗
定國之衆追至橫州江岸多所斬獲復所陷郡邑凱
旋以功晉爵二等子得
旨從優再議晉一等會有疾乞休加太子太保以原官致仕
十四年起
盛京總管十七年卒

賜祭葬如故事謚襄壯無子以從孫瑚錫布襲弟日濟席哈
曰費雅思哈並有傳
濟席哈亦曰季什哈初任佐領崇德四年擢護軍統
領明年隨鄭親王濟爾哈朗征明錦州敵兵自松山
來邀偕參領布丹希爾根囊古等擊卻之尋以兵駐
義山衞屯田者
太宗戒諸將勿浪戰惟固守營壘敵逼乃禦之旣而敵猝犯
鑲藍旗營越鑲紅旗營助戰坐擅離所守罷護軍統
領藉產三之一尋奉
命同副都統席特庫率護軍及外藩蒙古兵征索倫部擒部

長博穆博果爾並其家屬人衆牲畜六年凱旋
遣官迎於北驛館
賜宴勞之復隨鄭親王圍錦州數敗松山援兵明年授正紅
旗蒙古副都統八年兼任戶部參政順治元年大兵
入山海關偕都統恩格圖擊敗流賊李自成追敗之
望都予騎都尉世職明年隨端重親王博洛征浙江
既下杭州以副都統駐守時明福王朱由崧已滅其
大學士馬士英總兵方國安以衆二萬餘據嚴州數
來犯督兵禦之五戰皆捷尋還京任工部侍郎四年
考滿兼一雲騎尉明年

命率兵駐防東昌府旋以鄭彩擾福建移兵隨靖南將軍陳泰征之彩衆據長樂連江同安平和等縣連攻克之論功晉世職二等輕車都尉七年調刑部侍郎尋遷尚書兩遇恩詔晉男爵九年授正紅旗蒙古都統仍兼刑部尙書列議政大臣明年膠州總兵海時行反命爲征東將軍與副都統瑚沙率兵往勦師未至時行奔宿州漕運總督沈文奎山東總督馬光輝合兵擊之時行窮蹙降旋伏誅詔移兵鎭守湖南明年

召還署刑部尙書尋
命專管都統事十四年調滿洲都統其冬
命率副都統四護軍參領八赴甯南大將軍宗室羅託軍征
明桂王朱由榔明年大軍三路並進
世祖以征南將軍卓布泰自廣西進貴州者兵少
詔率將士助之進次都勻連敗其晉王李定國兵遂今湖南
四川兩路兵進克雲南由榔走緬甸
賜蟒服鞍馬以勘鞫隨征將士功罪不實降爵爲一等輕車
都尉世職黜功不敘十六年山東土賊于七作亂據
棲霞縣岠嵎山出掠郡邑

聖祖命爲靖東將軍率兵討之進圍其寨斬殪無算于七寘
入海賊平康熙元年班師其秋卒
賜祭葬如故事子阿祿襲歷官西安副都統六十年疏爲父
請謚
允之追謚勇壯
費雅思哈天聰崇德間屢立戰功順治元年隨睿親
王多爾袞入山海關擊流賊李自成敗之又追敗之
望都洊擢護軍參領隨英親王阿濟格追勦自成由
口外入邊師次榆林賊黨逆戰破其衆進至延安賊
以夜突圍走偕都統噶達渾截擊敗之明年躡賊入

湖廣於安陸荆州武昌三戰皆捷進至九江敗賊衆
獲其船三十冬隨定西大將軍何洛會征流賊於四
川偕噶達渾擊敗賊渠胡敬德兵千餘進至漢中連
敗郭延德何進諸賊是年論入關功予騎都尉世職
三年隨肅親王豪格征流賊張獻忠賊兵犯鑲藍旗
營偕噶達渾及護軍參領希爾根往援破其衆賊堅
守遵義府以拒與諸將攻克之兼一雲騎尉六年從
征大同叛鎮姜瓖遇賊黨楊晉衛三戰皆勝又再敗
賊衆於太原等處分兵趨汾州賊勝夜來襲擊卻之
十三年擢護軍統領尋列議政大臣十七年同定西

將軍愛星阿征明桂王朱由榔擊敗其晉王李定國
兵康熙元年復同追其鞏昌王白文選入緬甸執由
榔以獻論功晉男爵尋卒
賜祭葬如故事諡恪僖子蘇丹襲二十九年從征噶爾丹中
流矢明年奉
命至甯夏阿拉善山搜勦噶爾丹賊黨獲其濟農一
賜衣一襲及弓矢等物以創發乞休子蘇圖襲雍正元年創
愈起右翼前鋒統領尋擢本旗蒙古都統羅卜藏丹
津亂青海以參贊大臣赴軍討之青海平復予輕車
都尉世職異數也調滿洲都統列議政大臣

特賜鞍馬五年以年七十
賜銀千兩及冠服寵異之七年卒
賜祭葬如例謚勤僖費雅思哈與敦拜濟席哈兄弟三人並
為
國爪牙比功較績當時故多有而生僧顯爵没膺榮謚
又並終於牖下斯則所無也豈以其父本科里有功
早卒故特食其報歟何其盛歟

吉林通志卷九十九

人物志二十八　國朝十三

喀喀木　布克沙子貴復

圖喇　瓦爾喀族人額德布吳孫　蘇什族子

胡錫　孫岱　朱希奇　佛尼埒

額稜特　察哈泰兄穆爾泰

擴爾坤　野里渾諸父阿福尼弟洛多懽崆古圖

族人穆魯　賚圖庫

赭庫　興鼐猶子黨愛

克宜福子喀齊蘭　噶達渾

達理善　達都

和託

喀喀木姓薩哈爾察氏先世居烏喇部父唐阿禮

太祖時率百人來歸授佐領使轄之後隸滿洲鑲黃旗從征

遼東有功予輕車都尉世職天聰八年從征瓦爾喀

傷於熊以卒喀喀木襲崇德三年授吏部理事官五

年隨承政索海征虎爾哈部力戰破其柵斬級二百

擒索倫兵百三十八以歸七年隨征明松山坐本旗

將領失律未察舉降世職爲騎都尉八年擢參政順

治元年署副都統從入山海關督後隊擊敗流賊李

自成兼一雲騎尉時改參政爲侍郎仍任吏部四年
考滿復輕車都尉世職奉
命率師征鄖陽初大兵定湖廣鄖陽總兵王光恩迎降予原
官留鎭至是以罪繫其弟光泰糾衆叛據鄖陽稱明
鎭武伯連結叛黨賀珍武大定等爲援提督孫定遼
戰歿賊勢頗熾師至偕副將王平素渡河轉戰至房
縣斬級千餘光恩及僞總兵李世英等竄四川明年
叛鎭金聲桓自江西竄湖廣留防荆州六年還京明
年兼任本旗副都統三遇
恩詔晉男爵先是鄂爾多斯部札穆素多爾濟屯牧神木邊

外害我使臣叛去既而札穆素悔罪來歸多爾濟塞
臣賀蘭山數犯邊界肆劫掠八年秋奉
命同都統噶達渾等討之明年春自甯夏出水壩口至賀蘭
山後分兵搜剿斬多爾濟及其弟二人悉殲部衆俘
幼弱及婦女並馬駝各數百牛千餘羊萬以歸夏授
鎮守江甯總管十年
命爲靖南將軍移師廣東時李定國自廣西掠廣東潮州總
兵郝尚久應之師至同靖南王耿繼茂進圍潮州克
之尚久投井死潮州及附近州縣悉平還駐江甯十
六年鄭成功陷鎮江據瓜州犯江甯與總督郎廷佐

提督曾效忠禦之檄蘇松總兵梁化鳳等赴援會貴
州凱旋師東下要與協守議以敵勢盛宜乘其未集
先擊之簡兵出戰敗其初至者獲舟二十餘已而成
功悉兵薄城連營八十有三舳艫蔽江我援師旣集
化鳳效忠先以綠旗兵分出儀鳳鍾阜二門夾擊所
殪甚衆陳獲其總統余新及總兵二敵氣奪次日乃
與貴州還師噶褚哈瑪爾賽出神策門敵據山列陳
分左右翼仰攻而自率精銳擣其中堅擒其提督甘
煇及總兵數人斬馘無算成功收潰衆遁我水師邀
擊之淹斃過半獲船五百餘而鎭江瓜州所屯亦遁

事
聞下部優敘尋部議陷鎮江瓜州罪
世祖以固守江甯功可抵
特旨免議康熙元年改江甯總管爲將軍仍以任之七年卒
子喇揚阿以例降襲一等輕車都尉兼一雲騎尉
布克沙姓瓜爾佳氏世居哈達隸滿洲鑲黃旗嘗以
護軍校駐防牛莊偵明兵所在因擊敗之崇德二年
從征明皮島乘舟偕參領鼇拜先登被
優賚擢護軍參領五年大軍圍明錦州刈其田禾敵出護以
十騎截擊敗之復擊卻杏山松山援兵又同都統圖

爾格等設伏敗敵追擊至河濱奪其纛獲馬十餘旣
而圖爾格與葉克舒戰敵方酣自右翼橫擊之連勝
敵明年復圍錦州明經略洪承疇遣騎自杏山來犯
戰卻之進破其步兵三營七年隨貝勒阿巴泰征明
擊其總兵馬科於渾河岸敗之又擊走別將以三千
人守渡口者遂趨山東略萊州攻克蒙陰沂水二縣
明年凱旋累功授騎都尉世職
賜銀幣順治二年隨英親王阿濟格征流賊李自成自成走
湖廣躡擊之連敗賊衆於安陸武昌復同都統都類
逐北至九江富池口多獲賊船會奉

詔班師徑池州擊走明總兵黄蜚部衆獲船十有二明年隨
豫親王多鐸征蘇尼特部騰機思偵布爾噶山有賊
隨貝勒博和託掩之斬二十餘人又擊敗土謝圖汗
及碩顏各汗兵以功並三遇
恩詔晋世職一等輕車都尉九年擢本旗蒙古副都統尋兼
戸部侍郎明年以疾乞解任十四年卒子哈楚罕襲
貴復其第三子也任侍衛兼佐領順治十六年雲南
既定元江土司那嵩復叛從大軍討平之康熙十四
年隨安親王岳樂征逆藩耿精忠師次江西敗賊符
潭浦賊將李茂珠以萬餘人據建昌府南鐘鼓山力

戰被創尋以創發卒於軍
卹贈雲騎尉世職
圖喇姓舒穆祿氏琿春人隸滿洲正黃旗初任兵部
筆帖式崇德七年隨饒餘貝勒阿巴泰征明山東攻
泗水縣流矢中目戰愈厲進攻新泰諸縣仍爲諸軍
先順治元年隨豫親王多鐸征陝西明年移師江南
擢兵部主事七年積功兼兩遇
恩詔予騎都尉世職尋擢郎中十三年隨甯海大將軍伊爾
德征浙江舟山明魯王朱以海故將阮思以巨艦百
餘拒戰偕副都統根特擊敗之思復糾陳六御張洪

德等合兵三萬餘來犯偕副都統柯永蓁連破其衆舟山平手足並傷於礮以功兼一雲騎尉十八年山東土賊于七倡亂

聖祖命同郎中察奇至棲霞分别賊黨時于七據岠嵎山其黨段忠續林萬鵬麗應奎高起英各擁衆數千分據鼇山潛結棲霞城中爲内應獲其諜二人賊情悉得會靖東將軍濟席哈率師抵萊陽遣使相聞疾調綠旗兵七百馳至獲城中從賊者三百餘人進勦鼇山忠續等望風遁多所俘獲還京擢大理寺少卿康熙二年授駐防杭州副都統其冬與總督趙廷臣至定

海招降鄭錦之靜波將軍阮美及屬官百二十餘兵
三千七年擢杭州將軍十三年逆藩耿精忠叛
詔與總督李之芳提督塞白理相機禦之旋以都統賚塔爲
平南將軍赴衢州禦賊
命圖喇守杭州兼防海疆疏言兵少
詔移江南綠旗兵五千駐杭州又疏請杭州增設防禦每旗
各一員下部議從之尋以疾還京卒
賜祭葬如故事子明德襲
瓦爾喀世居完顏即以爲氏隸滿洲鑲紅旗初任前
鋒校每臨陣爲諸軍先中創不退被

優賞屢矣崇德三年隨貝勒岳託入自牆子嶺越燕京趨山東攻海豐克之七年隨饒餘貝勒入自黃崖口轉戰至山東攻范縣攻具未至衆俟之以長槍破城垣爲磴先登克其城順治三年隨肅親王豪格征四川擊敗流賊張獻忠手殪二十餘人擒哨騎十我軍有阿納海者爲賊所圍攢刃幾及縱馬突入格殺二人援以出五年隨副都統烏拉禪駐防大名攻鄆土賊於祁州及臨洺關積功並三遇

恩詔授輕車都尉世職九年擢工部理事官十三年董修乾清宮成十五年

奉先殿成游晉世職一等明年署前鋒參領隨都統卓羅等
駐防雲南元江土司那嵩既降復叛督軍以雲梯攻
下其城康熙元年還京卽眞兼督捕理事官五年擢
西安副都統七年擢將軍十二年吳三桂反
命偕副都統佛尼埒率西安軍馳赴四川扼險要明年
聖祖聞四川巡撫羅森提督鄭蛟麟總兵譚洪吳之茂等並
反應三桂
詔瓦爾喀暨佛尼埒曰卿等久歷戎行諳練軍事朕可無西
顧之憂大軍入蜀後吳逆所屬有來降附者宜密爲防閑
至綠旗陷逆官兵相機招撫便宜行之師次漢中聞譚洪

據陽平關及野狐嶺四十餘里並有賊黨據隘以守
部署諸將分三路擊之野狐嶺賊潰並殲伏賊無遺
乘勝疾趨陽平關克之摧鋒而前七盤關朝天關皆
下先後殪賊萬數獲旂幟器械無算
聖祖嘉其功
命事平優敘時賊堅據保寗我軍距城十里鑿濠塹與相持
久之其秋卒於軍
賜祭葬如故事諡襄敏於墓道立碑十六年追論征保寗不
乘賊未設備疾進又不分兵扼要地致賊劫掠我
兵衆奏報不以實

聞應黜原官及世職追奪飾終典禮籍沒其家
詔免籍沒額德者其族人也天聰七年以驍騎校從征明旅
順口乘船先登與敵戰城下矢盡短兵接沒於陣
卹贈雲騎尉世職子赫爾素襲順治七年九年三遇
恩詔晉世職輕車都尉赫爾素子舍爾圖康熙二十年亦於
雲南戰沒例不得詳蘇布什吳孫亦並瓦爾喀族人
蘇布什順治元年從入山海關以功予雲騎尉世職
七年遇
恩詔晉世職騎都尉卒子愍赤襲順治五年從征江西叛鎮
金聲桓十一年從征廣東李定國並有功兼遇

恩詔晉世職輕車都尉吳孫順治二年以前鋒參領隨豫親
王多鐸追流賊李自成至潼關連破賊營明年隨討
叛酋騰機思並敗土謝圖汗兵累功兼三遇
恩詔授輕車都尉世職而瓦爾喀族子曰胡錫曰孫岱曰朱
希奇胡錫順治十八年以驍騎校從征山東土賊有
功康熙十三年隨定西將軍希爾根征逆藩耿精忠
戰新城及萍鄉隨安親王岳樂征逆藩吳三桂戰長
沙並有功俄以攻城戰沒
卹贈騎都尉世職兼論前後戰功也孫岱初以佐領從征雲
南廣東並有功康熙十三年從征逆藩吳三桂戰四

川盤龍山龍潭驛等處皆捷十五年從征叛鎮王輔臣於秦州北山鹽關牡丹園數敗賊累功授騎都尉世職歷官王府長史朱希奇天聰八年任佐領以材予騎都尉世職從征察哈爾及朝鮮明錦州松山杏山山東至入山海關並有戰功順治三年隨豫親王多鐸討叛酋騰機思擊敗土謝圖汗等兵多所俘獲洊擢至
盛京副都統三遇
恩詔晉世職一等輕車都尉兼一雲騎尉西安副都統佛尼埒繼瓦爾喀爲將軍自有傳

佛尼埒姓科奇理氏世居瓦爾喀父索勒和諾少孤
其兄瑚里納撫之成立爲仇所害索勒和諾手刃其
仇祭兄墓遂來歸
太宗隸滿洲鑲紅旗崇德七年以驍騎校隨饒餘貝勒阿巴
泰征明攻河間府先登戰沒
卹贈雲騎尉世職佛尼埒襲從入山海關任西安駐防佐領
順治元年流賊李自成餘黨竄陝西湖北山中數隨
大軍勦之署營總尋擢協領再遇
恩詔晉世職至二等輕車都尉康熙八年擢西安副都統十
三年四川巡撫羅森提督鄭蛟鱗總兵譚洪吳之茂

等叛應逆藩吳三桂

命同西安將軍瓦爾喀進討師發漢中連克平陽七盤朝天三關賊守保甯事具瓦爾喀傳明年代瓦爾喀加振武將軍銜隨貝勒洞鄂討叛鎮王輔臣於秦州賊將以衆四千立寨關山河岸以拒偕前鋒統領穆占進戰閱兩時許斬獲甚衆遂破其寨逐北渭河橋薄秦州賊以壁壘未立輕騎出犯遮擊之因克西二關賊俟夜復出逆殪甚夥既而以衆數千出掠仙逸關冀相牽制分兵援剿賊聞之即踰山遁躡擊略盡留參領嵩祝守關而自率兵趨隴州四川合平涼賊萬餘

援秦州城賊亦近萬將夾擊城下大軍即還自隴州
反與大軍夾擊焉擒斬僞總兵李國棟胡茂白光永
王元殪賊三千遂復秦州下禮縣西河清水伏羌諸
邑尋奉
命以兵開棧道援將軍錫卜臣於漢中賊拒長甯驛滴水崖
等處連擊潰之招撫陷賊各村寨十五年春吳之茂
糾賊萬餘犯秦州偕提督王進寶禦之斬二千餘級
擒僞總兵徐大仁獲輜重無算邀賊糧運於鹽關焚
之獲馬贏甚夥敗僞總兵李國良等於清水縣復靜
甯州復擊吳之茂於牡丹園之茂走西河北山追擊

之以十餘騎遁去明年追論前自保甯退歸諸將罪
降世職爲騎都尉削振武將軍銜仍署西安將軍事
十七年偕副都統吳丹等連敗賊衆於牛頭山香泉
等處進駐寶雞防棧道擊卻賊窺益門鎭者明年隨
撫遠大將軍圖海取興安先驅至火神崖擊走僞總
兵王遇隆渡乾玉河拔梁河關遂復興安十九年偕
總兵王朝海招降潼州府及鹽亭中江射洪諸縣尋
敗賊豹子山賊渡江遁復瀘州冬逆孽吳世璠遣其
黨胡國柱入敘州陷永甯
詔授建威將軍勦之明年春賊衆二萬犯寶壩大溪口迎擊

敗之乘勝復馬湖府賊將宋國輔陸道清等詣軍門
獻永甯府以降國柱棄敘州遁奉
命駐敘州尋
命統西安滿洲兵之征四川者還鎮漢中二十一年卒雍正
十年入祀賢良祠乾隆元年追謚恭靖第三子託琉
襲歷官黑龍江將軍次子額楞特自有傳
額棱特既喪父四川總督哈占奏言貧不能還京請
留西安效用下部議駮
詔自賊擾四川佛尼埒勤勞王事
特許之康熙二十三年補西安駐防佐領三十年厄魯特巴

圖爾額爾克濟農劫掠喀爾喀札薩克丹津部衆

聖祖遣將軍尼雅翰往宣

詔旨使還所掠人畜率部衆徙居察哈爾地巴圖爾額爾克

濟農不從以其衆遠竄額棱特隨大軍追之不及擒

蒙古二人復隨將軍郎坦出嘉峪關追擒蒙古七人

三十五年

聖祖親征噶爾丹隨撫遠大將軍費揚古自西路進大敗賊

衆於昭莫多予雲騎尉世職擢協領四十二年

駕幸西安

閱武設宴

特召近
御座前
親賜之飲曰爾父宣力亦由戎行至協領故親賜酒以示寵
異尋擢西安副都統調荆州四十九年
特授湖廣提督
念其奉職清貧
詔湖廣總督巡撫量爲資助五十二年川陝總督殷泰以疾
乞解任
聖祖念其廉潔自持令在任調治久之未愈乃以湖廣總督
鄂海調補川陝授額楞特爲湖廣總督

詔大學士等曰額棱特殷泰皆朕所特用初時人不知其善後乃稱朕知人之明時江蘇巡撫張伯行亦以廉潔著爲

詔廷臣曰天下督撫惟額棱特張伯行操守最優耳尋

命與戸部郎中翰運泰履勘湖南諸州廢壞四萬六千一百餘頃疏請聽民墾闢六年後科以下則從之五十四年山西太原府知府趙鳳詔貪墨不職奉

詔往勘得實疏言枉法受贜例應繯首但鳳詔左都御史趙申喬子受恩深重法應加等擬監候斬九卿議改立決明年

命署西安將軍同總督鄂海協理軍餉先是厄魯特策妄阿

拉布坦率衆犯哈密
聖祖命尚書富寧安等往勦會駐防哈密遊擊潘志喜等擊
走之於是領兵大臣等議先取烏梁海土魯番諸部
而後進征厄魯特其冬策妄阿拉布坦由噶順汛界
山後過沙拉執青海台吉羅卜藏丹濟布而遁
聖祖慮賊由噶斯口復犯青海
詔額棱特統重兵移駐西寧爲青海諸部應援明年
命往巴里坤與將軍富寧安會議掩擊準噶爾邊界及留後
接應事宜富寧安以策妄阿拉布坦令宰桑領賊衆
由阿里克路迤西潛去入告

命回駐西甯且
遣侍衛諾爾布等至青海令諸台吉協力禦賊
詔之曰將軍額棱特方略過人凡有聞見其合議以行旣而
青海親王羅卜藏丹津疏言策妄阿拉布坦遣所屬
策凌敦多布往掠西藏欲滅拉藏汗
命與內大臣策妄諾爾布移師青海防剿掠復
敕西甯松潘各路備兵爲拉藏汗救援別
詔與青海親王及台吉等擇形勝地屯軍疏陳西甯抵藏之
路有三惟庫庫賽爾嶺及拜都嶺二路較珠爾肯一
路寬廣易行請與侍衛色棱分道以進賊若一路來

拒我師别由間道直入藏地抄擊若二路來拒則其
勢既分亦無難於翦滅
詔與策妄諸爾布審議以行五十七年拉藏汗爲賊戕於布
達喇城執汗子蘇爾咱據有其地西藏人來歸者悉
與安撫遂偕色棱分路進大軍自穆魯斯烏蘇起行
至圖勒哈以皮船濟取道庫庫賽爾嶺秋抵齊諾郭
勒賊衆夜窺我營遣遊擊王汝載擊敗之次日復由
東路來犯自率諸軍迎戰自寅至巳賊潰遁逐北十
餘里斬獲甚夥得
旨額棱特領兵頗少徑抵絶域忠勇奮發大挫賊鋒非尋常

軍功可比云尋聞賊首札布齊等以衆數千潛由哈喇烏蘇來拒亟率所部將渡河扼狠拉嶺之險比至哈喇烏蘇色棱亦以兵來會遂夾擊之逆敗賊衆賊復集衆數萬環而攻我身先督戰被數創氣不少衰相持月餘賊益增而我軍無繼至凡月屬所部誓之曰守亦死退亦死等死也何如戰於是傾壘以出所射殪無算矢盡揮刀斫賊賊麕至復被數創遂沒於陳明年櫬還京

命親王及貝子等迎喪城外復

遣內大臣侍衞至其家奠茶酒雍正元年

世宗特命敘功予輕車都尉
賜祭葬如典禮謚曰忠勇入祀昭忠祠子愛山襲初額棱特
繼佛尼埒爲西安將軍二十年餘父子相嬗天下莫
不榮之而受知
聖祖亦於是西藏之役孤軍轉戰萬里而遥有進死無退生
殆所以報嗚呼不亦相得益彰哉
察哈泰姓薩克達氏甯古塔人隸滿洲鑲紅旗天聰
時從征明永平大淩河大同等處積功以驍騎校管
佐領事崇德元年大軍征朝鮮先驅敗敵納穆山三
年隨貝勒岳託征明越燕京趨山東攻濟南府克之

六年從圍明錦州擊敗松山援兵八年隨鄭親王濟爾哈朗取明前屯衛中後所二城順治元年隨豫親王多鐸追流賊李自成破之潼關進定西安移師江南監造戰艦三年隨端重親王博洛征福建五年隨征南大將軍譚泰討叛鎮金聲桓於江西擊敗賊衆迎戰者焚其戰艦進軍南昌數戰皆捷明年隨護軍統領敦拜勦獻縣雄縣任邱諸土賊平之還擢戸部理事官尋改太僕寺理事官論功兼遇

恩詔授輕車都尉世職十四年任參領兼太僕寺卿十六年擢本旗滿洲副都統奉

命同甯古塔總管巴海征俄羅斯至使犬部界以舟師設伏
擊敗敵衆獲其船及器械招降斐雅喀百二十戶十
八年追論征俄羅斯時我戰艦有失利者不以實
聞罷任襲世職專管佐領事尋以營總隨靖東將軍濟席哈
討山東土賊于七同護軍統領通嘉連敗賊黨呂思
曲俞三等進擣岠嵎山賊巢平之康熙三年授本旗
蒙古副都統十年以老乞休
聖祖慰留之明年調滿洲副都統十二年遷護軍統領夏
詔奬久著勞績諸大臣加太子少保明年授鎮東將軍駐防
兗州十四年

命統所部滿洲軍赴荆州隨順承郡王勒爾錦禦逆藩吳三
桂明年春賊將陶繼智等犯宜昌率兵駐江陵通聲
援秋七月卒於軍
賜祭葬如故事而察哈泰兄副都統穆爾泰順治十五年亦
從征貴州卒於軍先是父喀爾岱
國初率二子及其屬來歸授佐領天聰八年從征瓦爾
喀有功駐守海州尋移守甯古塔卒穆爾泰以父襲
管佐領順治二年從征陝西擊流賊李自成黨賀珍
敗之進遇他潰賊數百所部僅七十八與戰悉殲之
擢前鋒侍衛尋署護軍統領戰山西潞安陝西肅州

以功兼遇

恩詔予騎都尉世職擢副都統卒貴州軍

賜祭葬如故事擴爾坤則察哈泰族人也自有傳

擴爾坤祖葉占德

太祖時率戶口來歸授佐領隸滿洲鑲紅旗卒父喜福任兵部理事官崇德八年隨副都統鄂爾塞臣征黑龍江攻降圖呼爾禪城順治三年隨都統巴哈納擊敗賀珍於漢中六年從征叛鎮姜瓖與賊黨戰甯武關及左衛中創戰益厲論功初以考滿予雲騎尉世職至是兼兩遇

恩詔晉世職輕車都尉尋以創發卒十五年
卹晉世職二等以擴爾坤長子希特哈襲旋卒以次子佛倫
雅圖襲又卒於是擴爾坤以參領襲二等輕車都尉
初任佐領從征貴州敗明桂王朱由榔將李成蛟於
涼水井又擊其晉王李定國於雙河口走之擢護軍
參領康熙十二年吳三桂反擢本旗副都統
命率兵駐防太原明年移西安尋以四川告警
詔進駐漢中夏同副都統吳國楨會總督周有德軍於廣元
援應我軍之攻保甯者叛鎮吳之茂自昭化出犯廣
元遣軍擊敗之秋復以眾五千餘由廣元西南水陸

兩路來犯分兵迎擊卻去尋要擊劫糧賊衆於二郎
關擒僞都司賀騰龍冬僞將軍何德成復以衆四千
犯廣元渡河擊敗之逐北三十餘里俄七盤朝天諸
關復爲賊據

詔廣元兵還漢中十四年秋漢中餉乏將軍錫卜臣領兵還
城固縣擴爾坤以右翼四旗軍殿後僞總兵彭時亨
擁衆八千扼險以要我軍力擊之賊既散復聚且戰
且行三晝夜至洋縣之金水河七接皆勝前軍已出
險猶殿拒追賊賊益衆環逼中數創力盡殞焉

賜祭葬如典禮

卹贈騎都尉兼一雲騎尉合舊襲二等輕車都尉爲男爵子

遜塔齊襲

舒里渾姓棟鄂氏先世居瓦爾喀祖喀喇

太祖時率族來歸授佐領後隸滿洲正黃旗數立戰功

賜號札爾固齊天命四年禦明總兵劉綎被七創戰益厲既

勝而創發以卒順治十二年追謚恭襄父札福尼天

聰四年從征明灤州我軍三八被執獨馬陷陣奪之

還敵不可逼以功予騎都尉世職八年從征黑龍江

有功兼一雲騎尉崇德八年卒舒里渾襲初任護軍

校天聰五年從征大淩河城內蒙古兵出戰擊卻之

順治二年隨英親王阿格濟追討流賊李自成至延安七戰皆捷自成遁湖廣躡之安陸獲賊船十有四明年蘇尼特部騰機思叛隨豫親王多鐸征之斬獲無算復擊敗土謝圖汗碩類汗等兵師還授佐領六年隨端重親王博洛征大同叛鎮姜瓖擊僞巡撫姜建勳敗之十一年擢護軍參領十五年擢本旗滿洲副都統隨信郡王多尼征雲南擊明桂王朱由榔將李成蛟於涼水井敗之追至雙河口敗其晉王李定國兵凱旋十八年卒累功兼遇

恩詔晉男爵矣子穆里渾襲而諸父及羣從亦多以功名顯

云阿福尼者喀喇狄子札福尼弟也勇敢有父風襲
世管佐領從征戰有功擢護軍參領崇德六年隨大
軍與明經略洪承疇戰錦州被
優賚旋以誣斥仍奪所賚明年承疇降
太宗與論用兵大略且問六年錦州戰狀對曰是時兩軍旣
交八旗兵猝進陷圍中有黃甲騎花馬者舞矟突入
鋭不可當師所以得出此人力也
太宗令將士與是戰者仍當時甲馬俾承疇物色之至阿福
尼曰卽若人
太宗大喜召入

御前日前罷職甚非其罪遂復官仍以爾所賚
賚之尋卒洛多懽者舒里渾弟也天聰七年隨貝勒岳託征
明旅順口下其城崇德六年從圍明錦州敗其援兵
明年隨貝勒阿巴泰攻明順德府先登克之
賜號巴圖魯積前功授輕車都尉世職三遇
恩詔晉世職一等兼一雲騎尉順治十七年卒無子以弟崪
古圖襲崪古圖初以護軍校隨靖南將軍陳泰征福
建先登克興化城擢參領康熙十三年隨副都統雅
賴阿克尼征逆藩耿精忠自安慶趨江西破賊小孤
山復彭澤宜黃崇仁樂安等縣十五年移師征逆藩

吳三桂擊賊將夏相國於萍鄉敗之進勦湖南十八
年敗賊將吳國貴於楓木嶺復武岡州尋還京二十
四年卒子多博海襲而舒里渾族人穆魯康熙十三
年以筆帖式從經略莫洛征吳三桂次陝西甯羌州
値王輔臣之變與莫洛並遇害
卹贈雲騎尉世職
賚圖庫姓顔札氏世居葉赫父安達哩
太祖時來歸予騎都尉世職後隸滿洲正黄旗數從
太宗征明積功晉世職輕車都尉
太宗上賓感念

恩知號呼累日以殉
世祖追晉男爵世襲罔替以賚圖庫襲賚圖庫初任侍衛天
聰五年從
太宗征明圍大淩河城偕佐領尼塔哈略地錦州敵兵數千
突出城搏戰并力敗之復偕破明監軍道張春兵崇
德元年從征朝鮮途遇敵騎千餘與諸將逆擊卻去
三年隨貝勒岳託征明至通州敵瀕河列營偕佐領
瑚彌色擊敗其衆進趨山東至濟南府敵兵來戰率
所部爲軍鋒多所斬獲師旋破臨清城西敵營六年
從征松山明經略洪承疇集兵十餘萬以拒我軍其

總兵曹變蛟乘夜直犯
御營力禦之手斬其前鋒餘衆遁尋隨鄭親王濟爾哈朗敗
杏山敵兵斬馘甚衆又設伏高橋敵以夜來犯擊卻
之手斬騎兵二人射殪五人擒二人順治元年從入
山海關擊敗流賊李自成累功並再遇
恩詔晉爵一等子九年
世祖追念賚圖庫父安達哩忠誠殉
主也
特命立碑墓道擢賚圖庫列議政大臣尋擢內大臣兼佐領
康熙十二年

詔獎久著勞績諸大臣加太子少保二十二年卒
賜祭葬如故事孫錫喇襲

褚庫姓薩爾圖氏先世居札魯特祖柏德遷居葉赫遂爲葉赫人隸滿洲鑲黄旗天聰五年年十七從大軍圍明大淩河城有蒙古驍將徹濟格自矜其勇獨馬突陳迎擊之手擒以歸尋征明大同攻萬全左衛先登被創卒力戰下之以功予騎都尉世職
賜號巴圖魯授佐領兼任吏部理事官順治元年隨英親王阿濟格追討流賊李自成師至湖廣賊將吴伯益以衆三千拒戰先驅擊敗之三年隨肅親王豪格征流

賊張獻忠同尙書星訥敗賊將高汝礪等於陝西進軍四川復數敗賊兵六年隨大軍征叛鎭姜瓖圍大同僞總兵楊振威以賊衆犯正紅旗並擾土默特營連擊卻之復犯鑲藍旗同護軍參領瑚葉援之以步戰敗賊衆賊平還京值宿失印鑰解理事官佐領兼參領如故九年隨都統噶達渾征鄂爾多斯部叛酋多爾濟於賀蘭山俘獲甚衆累功兼遇

恩詔晉世職二等輕車都尉十三年鄭成功犯福州時鄭親王世子濟度統師至漳州

命同副都統阿克善率兵往援敵以戰艦二百自烏龍江來

犯以本翼兵乘舟擊敗之逐至大江口獲船十二敵俄以千餘人要戰於江岸舍舟奮擊斬級二百餘康熙二年擢正紅旗蒙古副都統論功晉世職一等七年以老乞解任十四年卒

賜祭葬如故事謚曰襄壯子海存襲

典鼐姓納喇氏世居哈達父蘇巴海當

太祖時率二百人來歸會編佐領令其長子莽果轄之後隸滿洲鑲白旗蘇巴海仕至都察院參政典鼐其第三子也初任工部理事官天聰八年受知

太宗予騎都尉世職崇德元年隨英親王阿濟格征明同都

統達爾罕攻順義縣先登克之以功兼一雲騎尉三年考滿晉世職輕車都尉順治元年從征流賊李自成於陝西賊衆自延安出犯要擊大敗之明年追擊於武昌躡至富池口獲其船賊衆營河岸以拒同護軍統領哈甯阿參領希爾根擊潰其衆凱旋道出池州府明總兵黃斐以舟師拒戰同護軍參領布克沙擊走之斬級二百餘獲船十二蘇尼特部騰機思叛奔喀爾喀三年隨豫親王多鐸追討道敗土謝圖汗及碩類汗兵以功晉世職二等七年擢工部侍郎尋以考滿及監造勤勞並三遇

恩詔晉爵二等男十五年以會勦出征福建將士於羅源縣敗遁事徇情定讞罷任黜世爵十八年

聖祖卽位以興鄭處分過重復予一等輕車都尉世職兼一雲騎尉康熙三年卒子成格襲猶子黨愛康熙十九年以六品典儀從征雲南破賊將何繼祖於石門坎黃草壩尋會師雲南城下大破賊將胡國柄等以功予騎都尉世職擢護軍參領三十四年由蒙古副都統調右衛副都統嚴兵守歸化城噶爾丹不敢逼尋隨撫遠大將軍費揚古由西路勦之敗賊有功兼一雲騎尉卒

克宜福姓伊爾根覺羅氏先世居瓦爾喀父赫臣
太祖時率屬來歸俾任佐領轄之後隸滿洲正黃旗從征烏
喇有功使葉赫抗節不屈爲所害葉赫尋滅
太祖令克宜福手刃仇人以祭襲管佐領天聰四年爲捉生
將兩敗明兵手擒四人獲馬十有八八年予騎都尉
世職世襲罔替崇德二年授吏部副理事官六年隨
鄭親王濟爾哈朗圍明錦州其東關有蒙古諾木齊
等謀內應敵覺而圍攻焉亟以軍突入援木齊等並
護其家口來歸被
優賚順治二年授

福陵總管兩遇
恩詔晉世職輕車都尉尋卒次子喀齊蘭初由前鋒校繼管
佐領授吏部理事官十三年隨甯海大將軍伊爾德
征明魯王朱以海餘黨於舟山數戰皆捷凱旋擢護
軍參領十三年改前鋒參領隨順承郡王勒爾錦討
逆藩吳三桂十三年大軍自荆州渡江克松滋縣旋
以前鋒軍薄澧州城賊迎戰力擊敗之逐北至江岸
遂降其城師還擢本旗蒙古副都統二十一年調滿
洲副都統二十四年以疾乞罷
命原品致仕三十八年卒

賜祭葬如故事子凱音布襲祖克宜福輕車都尉世職仕至
禮部尚書
噶達渾姓納喇氏世居哈達
太祖時有約蘭者率子懋巴里等來歸後隸滿洲正紅旗噶
達渾其裔孫也初任護軍參領天聰二年從
太宗征多羅特部有功八年從征明山西克應州城
賜人戸牲畜崇德五年從略明中後所有斬獲尋隨睿親王
多爾袞圍錦州擁纛先進敗杏山騎兵旋往松山要
敵斬十餘人敵據嶺列營擊潰之同前鋒統領勞薩
合兵追抵北山乃還七年隨豫親王多鐸征明甯遠

先諸將擊走敵兵師還我軍有達哈塔者中創仆自
敵陳掖以歸敵不敢逼順治元年擢護軍統領從入
山海關破流賊李自成予騎都尉世職明年隨英親
王阿濟格擊流賊至九宫山三戰皆捷三年隨肅親
王豪格征四川師至西安分兵趨邠州賊渠胡敬德
營三水縣與副都統和託力攻破之尋與護軍統領
蘇拜哈甯阿副都統阿拉善擊賊高汝礪武大定於
三寨山敗之我步軍搜山賊自山巔分左右馳下與
護軍統領阿爾津逆戰再敗賊衆賊復犯我正藍旗
營哈甯阿被圍偕阿爾津蘇拜疾馳擊之賊解圍去

旋破賊於增蓋擢戶部侍郎五年調吏部論前戰功
晉世職輕車都尉其冬
命與阿拉善率八旗兵赴英親王軍討大同叛鎭姜瓖旣至
七戰七勝賊自代州北關遁追斬無算遂平代州進
復渾源州明年擢本旗蒙古副都統仍任戶部侍郎
七年以從睿親王行圍私出射獵罷都統降世職爲
騎都尉兼一雲騎尉
世祖親政擢戶部尚書明年訟鐫職冤
詔復之晉二等改都察院左都御史駐防河間佐領碩爾對
許戶部給餉不均下部鞫訊隱匿不奏坐削世職得

旨改罰鍰其夏復調戸部尚書
命率師征鄂爾多斯部九年擒叛酋蒙古多爾濟並殲其衆
於賀蘭山兩遇
恩詔晉男爵世襲罔替調滿洲都統十二年調兵部尚書明
年晉爵二等秋以濫引
赦例請貸行賄雲騎尉吕忠罪
飭回奏奏復稽遲下廷臣議坐削爵得
旨降一等輕車都尉會鄭成功肆海上陷福州
命同定遠大將軍世子濟度等往討
敕世子曰凡調遣機宜勿令噶達渾離左右也既至會總督

李率泰等兵復海澄分遣諸將水陸並進克福州及
泉州攻惠安海港衛套與閩安鎮陳斬數千級獲戰
艦軍械甚夥成功遁入海十三年春班師道卒
賜祭葬如典禮贈太子太保謚壯敏子噶爾漢襲噶達渾長
兵部日以京城遼闊明嘗設信礮煤山以備倉卒
定鼎後罷弗設請用
盛京時鳴鼓集衆之法
詔塔山九門仍各設礮鳴呼
聖慮蓋深遠矣金城湯池無備亦危茲制非內訌僅禦虞劉
於外亦足掎之有堂斯構倘毋忽丕丕基哉

達理善姓那穆都魯氏即所居地也隸滿洲正黄旗
崇德三年以閒散隸驍騎營隨睿親王多爾衮征明
越燕京趨山東攻濟南府先登克之
賜號巴圖魯授輕車都尉世職六年從大軍圍明錦州其經
略洪承疇遣兵自松山杏山來援連敗之順治元年
定鼎燕京隨都統葉臣征山西克太原府明年隨副都統珠
瑪喇和託等駐防杭州明大學士馬士英與總兵方
國安自嚴州來犯偕諸將擊走之叉數敗之朱村范
村及餘杭臨安富陽五年金聲桓反江西隨征南大
將軍譚泰討之復南昌七年九年三遇

恩詔晉世職一等兼一雲騎尉十三年任參領十五年隨信郡王多尼征雲南明年明桂王朱由榔故將高應鳳結元江土司那嵩據城抗大軍偕都統卓羅前鋒統領白爾赫圖攻下其城斬應鳳那嵩亦死康熙二年論功晉男爵尋以老乞休十三年陜西提督王輔臣反甯羌請往軍前效力

命署副都統率兵赴西安明年春攻隴州仙逸關時輔臣據平涼遣僞總兵高鼎蔡元率步騎四千迎拒於關山河岸偕將軍佛尼埒前鋒統領穆占與戰大破之逐北五十餘里復關山關進師清水縣去渭水橋二十

里遇賊哨騎擊之敗去乘勝奪其橋抵秦州城賊二千出戰皆敗復入城分兵攻東關克之四川叛鎮兵之茂以賊萬餘援平涼逼秦州而壁城賊八千出與合猛犯我營會已病强起督諸軍力戰賊衆大潰俄病篤卒於軍

賜祭葬如故事謚曰武毅二十五年論陝西功兵部以紀功二次例不晉職

特旨達理善以解任復請從征立功卒於軍殊可閔念不拘定例給一世職於是予雲騎尉合晉爲二等男孫留占襲任一等侍衛兼冠軍使以不職議銷去

恩詔所加改一等輕車都尉另襲
詔達理善已經致仕復著成勞免其銷去以留占弟代奇里
襲二等男其族人達都不知與達理善遠近自有傳
達都隸滿洲鑲白旗順治四年由筆帖式授吏部副
理事官八年遇
恩詔予騎都尉世職疏陳御史張嘉言事不當嘉鐫級夏攉
郎中十三年河西務鈔關員外郎朱世德虧課萬餘
兩照戸部議援
恩赦免罪吏部諸臣並坐贈徇達都削世職降員外郎十八
年遷刑部郎中康熙二年署參領隨都統穆里瑪討

流賊餘黨李來亨等於湖廣茅麓山明年師旋坐初
領隊失利等罪應褫責籍没得
旨免籍没披甲軍前效力六年起刑部郎中八年遷光禄寺
卿擢秘書院學士充
世祖實録副總裁明年改
保和殿學士兼禮部侍郎充
經筵講官明年
實録成增級食一品俸尋擢戶部右侍郎十三年大軍討逆
藩耿精忠
命往浙江督餉文武官布政使副將以下俱聽節制鑄給總

理大兵糧餉兼管地方兵馬一切事務印秋疏言浙
省舊設杭嚴巡道嘉湖守道金衢守道各轄二府康
熙六年裁併杭嘉湖爲一道金衢嚴爲一道所以節
冗費今大兵雲集一道管理三府未能兼顧請如舊
以便料理錢糧軍務下部議如所請冬疏言原任建
甯府通判何源濬前以朝覲回閩今年三月道出浦
城縣聞耿逆之變巳陷建甯從役勸姑往投收集家
口斥而不從徒步七日行千二百餘里至杭州請兵
棄妻子於賊巢不顧其忠貞可嘉經巡撫田逢吉疏
聞部議暫留浙省俟福建恢復仍赴原任今羇棲半載無任

可赴無俸可支請與敘用得
旨何源濬情殊可閔下部從優議敘以浙省知府擢用逢吉
尋因病解任
詔授達都浙江巡撫疏言巡撫事繁責重浙省又當用兵之
際臣才識未裕精神已衰自揣難勝厥任現署巡撫
之布政使陳秉直年壯才優民所悅服乞
敕部補授下部議不准
特旨允秉直陞補仍
命以原銜理餉明年疏言大軍分道進勦恢復可期催辦糧
料綏輯流民均惟道府是賴請以留浙效用僉事姚

啓聖補温處道通判王國泰補温州知府遲判綫一
信補處州知府
詔從之其後諸人皆顯而啓聖以平臺灣爲時名臣世以爲
有知人鑑云又疏請以勤勞最著經歷許嗣華縣丞
鄭廷俊等二十餘員分補廳縣正任官下部議如所
請秋疏言滿漢官兵俸餉月需銀二十萬兩本年鹽
課會奏准按季征解難供急需請就近撥給濟軍部
議撥長蘆鹽課山東地丁各十萬兩後大軍入閩又
奏撥江南庫銀四十萬兩十六年大軍由閩進粤與
副都統沃申駐湖州明年鄭錦犯海澄將軍賚塔赴

援其黨楊金日由鼇頭聯艅犯圖山與總兵馬三奇
遣軍禦之多所斬獲追至寮戶乃還十八年
召補戶部右侍郎冬至京
聖祖詢賊情形奏對甚晰明年轉左
命往盛京會議鹽務還奏
盛京新舊官兵及百姓呈訴未設鹽商之前食鹽每斤
不過三四文自設商納課以來每斤至十餘文又鹽
鋪俱設府州縣城貧民自屯莊往買有誤農桑且路
遠多費因傳問鹽商等據稱鹽課勉强應納價值斷
難減少臣思官兵皆賴田禾爲生地方百姓又係安

插招徠流徙之人盡屬窮苦而吉林甯古塔居人與
新滿洲及邊外蒙古並遠來買食自康熙十八年招
募商人准行鹽引一萬三千七百七十四道征課銀
六千五百二十三兩十九年加增鹽引三千一百道
征課銀一千四百六十八兩在官征課無幾食鹽價
值倍增應停止鹽商辦課照舊聽有鍋之人煎鹽依
前賤價售賣不許豪強霸佔責令奉天將軍戸部侍
郎察禁下廷臣議從之東三省食鹽無課商絀而民
便自達都始也仁人之言其利溥豈不然哉遷吏部
左侍郎二十一年授左都御史其秋卒

賜祭葬如故事

吉林通志卷一百

人物志二十九　國朝十四

胡里布　禧福

宜拜　圖爾特

席爾闡　吳魯哈

哈爾松阿 子桑圖　尼刊 猶子額黑諾

聶牛克 子吳庫 弟色牛克 色牛克子多博

辛泰 子托紐 馬爾蘐納

賈隆阿 子噶爾都　鄂貝武渾 禪出 黑默里 倭

庫色納　傅哈納 猶子武達闡

甘珠翰 多貝　石圖 子西巴里

剛吉納 猶子多果　族人噶爾料

蘇爾修 弟阿爾修　猶子塔克圖　瓦爾克　瓦爾克子代松阿

納密達 從子薩穆哈

庫尼雅 子哈席里　族弟傅達禮　拜庫達

尹布 子倭和　席爾度

胡里布姓赫舍里氏世居葉赫父曰吳巴海與姓瓜爾佳氏者同名

太祖定葉赫以其人編設佐領吳巴海管其一既卒胡里布

襲管其事天聰五年擢一等侍衛任護軍參領崇德

三年隨貝勒岳託征明毀牆子嶺邊口分四路進偕魯克都擊敗敵兵獲馬百駝二十六年從圍錦州四戰皆勝明經略洪承疇統兵來援隨諸王迎擊大破之復擊卻敵自松山乘夜來犯者尋隨武英郡王阿濟格駐兵杏山敵至自甯遠偕前鋒統領努山敗其騎兵千餘沙河敵兵趨甯遠復擊敗之以功授副都統八年偕努山等往界嶺口偵我入邊軍消息至斬其守備一兵三百餘擒千總一把總三俄隨大軍征明至山東偕希爾根以護軍敗敵兗州府順治二年隨貝勒勒克德渾征湖廣至承天府數敗流賊多所

擒斬偕諸將圍之獲船八艘明年授雲騎尉世職七
年九年三遇
恩詔晉世職輕車都尉十三年擢護軍統領康熙十二年
聖祖念胡里布
太宗舊臣特加太子少師是年大軍討逆藩吳三桂
命以護軍統領充副將軍偕西安將軍赫葉由漢中進明年
春師進四川數戰有功十六年卒於軍
卹贈及承襲並未詳也
禧福姓瓜爾佳氏世居蘇完隸滿洲鑲白旗天聰時
事

太宗任啟心郎順治初授工部理事官尋調參領九年兩遇
恩詔授騎都尉世職十五年監造
上帝壇
奉先殿有勞兼一雲騎尉出駐大同有賊犯我土默特營同
副都統阿喇善等往援敗之賊又犯正紅旗營往援
復勝十一年從征鄂爾多斯破多爾濟及其弟西忒
本營斬多爾濟殲其眾十八年隨定西將軍愛星阿
征雲南至緬甸阿瓦城以功晉世職輕車都尉歷官
太僕寺卿以年老致仕卒子喀住襲累官至副都統
宜拜姓赫舍里氏世居葉赫隸滿洲正藍旗自幼從

征天聰間以功授雲騎尉世職崇德六年從圍明錦州連敗松山杏山援兵晉世職騎都尉順治元年隨睿親王多爾袞入山海關擊敗流賊李自成尋同都統葉臣等招撫山西凡下府十一州三十二縣一百七十一明年隨豫親王多鐸追流賊至潼關連戰皆勝進破之延安府晉世職輕車都尉七年九年三遇
恩詔晉男爵累官都統兼議政大臣十五年卒
特贈太子太保謚勤直於墓道立碑子圖爾錫初任豫親王二等護衛從征山東戰沒穆實任貝勒府長史順治十八年從征福建戰沒並

卹贈雲騎尉世職圖爾特宜拜次子也及弟庫爾闡自有傳

圖爾特順治二年以國史院編修隨貝勒博洛征浙

江同都統韓岱伊爾德追破明將方國安及其大學

士馬士英等四年師進福建定泉州府明年隨英親

王阿濟格平靜海土寇六年隨敬謹親王尼堪平臨

縣土寇尋隨英親王阿濟格征大同叛鎮姜瓖並有

功八年擢內翰林宏文院侍讀論從征功兼遇

恩詔授騎都尉世職十年擢侍讀學士歷轉都察院啟心郎

擢副都御史康熙二年遷兵部右侍郎坐事黜尋起

工部右侍郎卒官

庫爾闡宜拜弟也天聰九年
太宗命巴奇蘭薩穆什喀等征黑龍江庫爾闡列三十六佐
領以從有功授雲騎尉世職崇德六年從圍明錦州
連敗松山杏山援兵斬級四十一獲軍資甚夥晉世
職騎都尉順治元年隨睿親王多爾袞入山海關破
流賊李自成追敗之望都兼一雲騎尉尋隨豫親王
多鐸追討自成至潼關連戰皆捷晉世職輕車都尉
三年授都察院參政考滿游晉世職一等六年同都
統譚泰討江西叛鎮金聲桓以病卒於軍
給銀七百兩治喪

賜祭葬如故事

吴魯哈姓甯古塔氏世居薩爾湖父囊機自甯古塔

率部人來歸

太祖授佐領隸滿洲鑲白旗天聰八年卒吴魯哈襲管其事

崇德元年駐守牛莊偵明有捕魚船至率甲士百五

十人乘小舟至遼河下遇三船擊之敗走獲三十二

人并緞疋等物以獻

命以所獲賞同行將士編其人爲民三年更定部院官制以

爲戸部副理事官八年隨貝勒阿巴泰征明連敗敵

兵進攻萊陽縣城以雲梯克之授騎都尉世職卒子

郭禮襲順治七年九年三遇
恩詔晋世職二等輕車都尉卒子阿哈納襲康熙十三年從
征逆藩耿精忠於江西數戰有功尋隨安親王岳樂
攻長沙沒於陳
卹贈晋世職一等例不得詳以死事著之
哈爾松阿姓鄂卓氏世居輝發隸滿洲正藍旗初任
禮部參政天聰八年奉
命迎護察哈爾歸附之衆凡五千戸並出使土默特功授騎
都尉世職崇德三年更定官制改本部理事官明年
從征黑龍江有功五年隨肅親王豪格圍明錦州敗

松山敵兵明年復從圍錦州擊敗明經略洪承疇步兵及督屯田穫倍兼一雲騎尉順治四年考滿晉世職輕車都尉七年遇

恩詔晉世職二等尋擢盛京禮部侍郎卒官子桑圖襲九年兩遇

恩詔晉世職一等兼一雲騎尉尋坐事削去康熙三年隨定西將軍圖海勦湖廣流賊連敗之茅麓山下進攻山寨力戰殞焉

䘏贈兼一雲騎尉子沙克新襲

尼刋氏未詳

國初自瓜爾察率眾來歸隸滿洲正白旗天聰三年從
攻明永平府先登克其城
賜號巴圖魯八年從征烏喇多所斬獲尋同席特庫至卓儂
城偵敵遇其兵百人擊敗之斬七級獲蒙古一人及
馬十六是年敘前功授騎都尉世職駐防阿里哈城
以搏虎被傷卒兄子額黑諾襲順治七年遇
恩詔晉世職二等輕車都尉十五年隨信郡王多尼征明桂
王至貴州明年凱旋浮江東下會鄭成功陷鎮江瓜
州進逼江甯因合大軍禦之連戰皆捷十八年隨征
東將軍濟席哈勦山東土寇賊目蔣振綱率眾千餘

據山嶺迎戰擊破之晉世職一等康熙初病卒

聶牛克世居甯古塔以地爲氏父僧格於

國初以三百戶來歸授世管佐領隸滿洲鑲黃旗聶牛

克初任前鋒參領從征明甯遠縱火攻城同護軍統

領阿爾津擊城中出拒者大敗之進取蘇班代敵兵

自杏山來援同承政宗室韓岱迎擊卻去天聰九年

隨貝勒多鐸圍錦州崇德三年隨貝勒岳託入明邊

並有功順治元年隨豫親王多鐸追討流賊李自成

至潼關同阿爾津率所部設伏邀擊賊衆敗之明年

至江南同碩代蘇爾德攻高淯縣敗其兵三千餘授

雲騎尉世職卒子吳庫襲順治十一年隨甯海大將
軍伊爾德平浙江舟山有功明年隨定遠大將軍世
子濟度征福建時鄭成功據廈門戰艦六百餘排列
爲衞卒水師攻之戰甚力幾近岸而殞
特旨超晉輕車都尉而聶牛克弟色牛克（牛或作紐）嘗以軍功任
佐領坐事罷順治元年起廢官從破流賊於潼關明
年戰湖廣大冶縣並有功師移江南有王六者卒兵
犯金壇縣以所部擊敗之又敗他兵於茅山授雲騎
尉世職七年九年三遇
恩詔晉世職輕車都尉卒子多博襲康熙十三年逆藩耿精

忠破江西建昌據之隨定南將軍希爾根往討至撫州鍾家嶺僞都督易天錫率步騎四萬來拒進戰中礮殞

卹贈兼一雲騎尉

辛泰與姓覺爾察氏者同名姓傅察氏世居訥音隸滿洲鑲黃旗天聰八年從征明大同攻小石城克之授雲騎尉世職九年隨貝勒阿濟格征明攻克安肅縣晉世職騎都尉崇德六年卒子𢪊紐襲𢪊紐初於崇德三年隨貝勒岳託征明入邊擊敗敵兵至渾河爲橋濟師敵兵來犯隨副都統內爾特擊卻之比出邊殿後復

敗追兵六年襲父世職順治元年隨睿親王多爾袞
入山海關擊流賊李自成中礮殞
卹贈兼一雲騎尉同旗有馬爾護納者姓那穆都魯氏世居
琿春天聰五年從征大淩河擊明監軍道張春揮前
鋒大纛直入敵陣我後軍爲敵兵所阻不能前乃揮
纛馳出既出復入我軍隨進遂敗敵兵以功授騎都
尉世職卒子滿柱襲順治六年從征大同叛鎮姜瓖
有功兼一雲騎尉
賈隆阿姓西克特禮氏世居庫爾喀隸滿洲正黄旗
天聰八年以材能授世管佐領崇德二年從征明燕

京敗敵蘆溝橋四年從征黑龍江明年從圍明錦州七年從征松阿里江並有功順治元年隨睿親王多爾袞入山海關破流賊李自成追敗之望都授騎都尉世職七年九年三遇
恩詔世職晉一等輕車都尉兼一雲騎尉十六年卒子噶爾都襲康熙十四年從征陝西叛鎮王輔臣擊其子繼正敗之十七年隨征西將軍穆占征逆藩吳三桂至湖廣沿山嶺其將馬寶等率三萬餘衆來拒力戰沒於陳
卹贈男爵世襲罔替子巴爾圖襲

鄂貝姓馬嘉氏世居綏芬隸滿洲正黄旗崇德三年以佐領隨貝勒岳託征明戰青山口與參領和爾根爲軍鋒並有斬馘至山東復擊敗敵兵五年隨睿親王多爾袞圍明錦州敗其松山援兵又同都統譚泰擊杏山兵敗之順治元年隨豫親王多鐸南征明年定江甯分兵攻崑山縣與副都統蘇法擊敗敵衆既而明將黄斐王起興毛大譽等犯常州府與都統馬喇希擊走之尋偕副都統甘都戰宜興縣圖賴戰府城下並捷手擒敵人刺圖賴者尋卒於軍十三年追授雲騎尉世職子翁古純襲同旗有禪出黑默里倭

忒渾禪出姓薩克達氏世居甯古塔初以軍校從征烏喇多所俘獲既駐哈彥屯其長博木博果爾糾眾來戰力禦之身被九創卒完其屯以功授騎都尉世職

果默里姓格濟勒氏亦居綏芬天聰八年以材授雲騎尉世職明年同吳巴海荆古爾岱征阿庫爾尼滿有功晉世職騎都尉順治七年九年三遇

恩詔洊晉二等輕車都尉倭忒渾世居完顏以地爲氏父特音珠率族歸

太祖任佐領從討四方以功授騎都尉世職卒長子多貝襲天聰五年從征大淩河戰沒

卹贈兼一雲騎尉倭忒渾襲累官至都統兼議政大臣卒
賜祭葬如例謚純信
庫色納姓西克忒禮氏世居卦爾察父和托巴顏
太祖時率五百戶來歸授雲騎尉世職隸滿洲正紅旗天聰
八年卒庫色納襲父職從征烏喇獲喀穆善巴顏子
及屯長格婁等四十餘人順治元年從入關明年駐
防西安府流賊伺進來犯率兵擊敗之賊復結橋侵
我正紅旗營率兵往禦連戰皆勝毀其橋三年隨覺
善征山東土寇擊之齊河平陰等縣並有功尋回防
西安賊渠魏天明築壘黃勞山作亂率兵破之參領

甘某等以兵三千叛卒入旗兵各百進擊斬馘甚眾
獲甘某誅之又敗賊眾綏德州進克葭州以功兼七
年九年三遇
恩詔洊晉世職二等輕車都尉卒
傅哈納姓格濟勒氏世居綏芬隸滿洲正紅旗天聰
九年以佐領隨巴奇蘭薩穆什喀征黑龍江有功授
騎都尉世職崇德三年任工部理事官順治元年改
熊岳城守尉七年遇
恩詔晉世職輕車都尉卒猶子傅爾護襲九年兩遇
恩詔晉世職一等坐事革已以

恩詔所得雲騎尉弟武達闢襲輕車都尉順治十四年隨定
遠大將軍世子濟度征福建鄭成功偕巴圖魯鄂泰
擊之福前所等處破其舟師其總兵官黃常等復引
舟師來犯敗之敖斗進攻廈門力戰殞焉

邮晉世職二等

甘珠翰姓索綽羅氏世居烏喇隸滿洲鑲白旗天聰
二年以副理事官從圍明錦州擊杏山松山步騎並
敗之城中兵出戰隨兩翼合擊卻走仍敗其松山援
兵崇德三年隨貝勒岳託從征明山東遇敵兵擊走
之戰德州及安肅縣並捷六年從圍錦州松山騎兵

來奪我紅衣礟力擊之乃遁順治二年同李率泰吳
巴海駐守江南蘇州府明將黃斐以兵萬餘突入城
率外藩蒙古兵與戰五接皆勝槍傷一目授雲騎尉
世職四年任理藩院理事官考滿晉世職騎都尉七
年九年三遇
恩詔晉世職輕車都尉卒同旗包衣多貝姓索爾多氏世居
吳喇博爾吉城天聰六年以佐領從征察哈爾旋入
明邊敗敵崇德三年隨貝勒岳託征明擊其內監馮
永盛兵敗之順治元年從入山海關破流賊李自成
積功授騎都尉世職七年九年三遇

恩詔晉世職二等輕車都尉卒
石圖姓富察氏世居訥殷隸滿洲鑲白旗天聰九年
以佐領從征虎爾哈多所俘獲順治元年從入山海
關破流賊李自成授雲騎尉世職任工部副理事官
考滿晉世職騎都尉七年九年三遇
恩詔晉世職二等輕車都尉十三年督造
乾清宮等宮殿成晉世職一等卒子二西巴里福申西
巴里襲從征福建兩敗敵兵康熙十七年從征逆藩
吳三桂至湖廣攻岳州戰没
卹贈兼一雲騎尉

賜祭葬如故事福申累官至吏部侍郎
剛吉納姓西克特立氏世居瓜爾察之雅克善隸滿
洲鑲紅旗天聰五年從征明大淩河擊監軍道張春
兵執纛爲軍鋒先陷陳我軍從之春兵大敗授騎都
尉世職卒子碩色襲碩色卒從弟拕布琦襲遇
恩詔兼一雲騎尉卒兄多果襲九年兩遇
恩詔晉世職二等輕車都尉十五年從征明桂王於貴州明
年凱旋至江南會鄭成功陷鎭江瓜州直犯江甯隨
副都統噶褚哈屢敗其衆獲船一以功晉世職一等
康熙十七年從征福建戰石塘嶺陳沒

卹贈兼一雲騎尉噶爾糾剛吉納族人也崇德二年以佐領
同吳巴海席特庫追逃人葉雷出邊五十日至溫朶
及之斬葉雷俘獲甚夥在行間六閲月方回
太宗遣官迎宴授騎都尉世職順治七年遇
恩詔晉世職二等輕車都尉卒
蘇爾修姓那穆都魯氏世居綏芬隸滿洲正黄旗天
聰初率衆來歸從征烏喇被創以功授騎都尉世職
九年卒弟阿爾修襲崇德三年隨睿親王多爾衮征
明至山東濟南府擊敗敵兵兼一雲騎尉明年從征
黑龍江戰沒

䘏贈世職一等子阿庫理襲順治七年九年三遇

恩詔晉世職一等輕車都尉兼一雲騎尉而蘇爾修兄子日塔克圖崇德三年以軍校隨貝勒杜度征明至山東攻濟南府先登克之

賜號巴圖魯授二等騎都尉世職同旗瓦爾克克或作喀姓薩克達氏世居虎爾哈天聰五年從征明大淩河力戰沒於陳

䘏贈雲騎尉世職子代松阿襲康熙十三年署護軍校隨前鋒統領穆占征逆藩吳三桂師進自陝西轉戰槐樹驛小梅嶺及南山等處攻克秦州十八年隨平南將

軍賚塔征福建敗鄭成功將劉國軒兵八千餘於郭塘二十年復隨賚塔征逆孽吳世璠戰石門坎黃草壩有功兼一雲騎尉

納密達姓索綽羅氏世居烏喇隸滿洲鑲白旗天聰八年從攻明雄縣先登克之授騎都尉世職尋從征朝鮮絕海攻皮島後軍未至即登岸搏戰沒於陣

卹贈兼一雲騎尉弟和鐸鐸或作託襲從征黑龍江陣沒和鐸兄羅薩襲卒從弟薩穆哈襲順治七年九年三遇

恩詔晉世職一等輕車都尉十一年從征福建時袁陶據福州尚書譚拜等率兵由水路往攻敵步騎來拒所乘

船僅十八人即鼓棹先進一擊敗之明年隨靖南將軍珠瑪喇征廣東與李定國兵戰新會縣有功兼一雲騎尉尋卒子二曰圖克善曰哈積大圖克善襲累官正藍旗滿洲副都統哈積大任佐領康熙三十五年隨撫遠大將軍費揚古征噶爾丹有功授雲騎尉世職有庫尼雅者納密達族弟也自有傳

庫尼雅初以戰功洊任前鋒參領崇德八年隨貝勒阿巴泰攻明霸州克之順治六年隨鄭親王濟爾哈朗征湖廣於江口破袁宗第又連敗便水河岸賊兵宗第退據烏撒隨前鋒統領努山往攻賊三路迎戰

擊敗之奪門入立克萁城尋同參領白爾赫圖敗賊
步騎三千餘十二年隨寧南大將軍陳泰於湖廣貴
州數戰有功積授騎都尉世職康熙三年流賊李來
亨擁衆據茅麓山隨定西將軍圖海往攻三戰三捷
既而殞於陳
給銀六百兩治喪
賜祭葬如故事贈兼一雲騎尉後又
特遣官爲修墓尤異數云子哈席里襲初任七品官康熙十
三年隨定南將軍希爾根等征逆藩耿精忠至江西
擊僞總兵唐培生等於勞莊敗之十七年隨鎮南將

軍莽依圖征逆藩吴三桂進自廣西敗僞將軍吴世
琮於新村詹仰等於陶屯十九年隨征南大將軍賚
塔征逆孽吴世璠進戰有功再兼一雲騎尉而庫尼
雅族弟傅達禮康熙十三年以七品官從征逆藩吴
三桂至江西吉安府僞總兵彭新進等以眾萬餘迎
戰大破之師進安福縣力戰殞焉
卹贈雲騎尉世職其與庫尼雅同旗並居烏喇曰拜庫達姓
納蘭氏崇德元年從攻明容城縣先登克之授雲騎
尉世職順治七年九年三遇
恩詔晉世職輕車都尉十一年隨甯海大將軍伊爾德平浙

江舟山以功晉世職二等康熙元年卒
尹布姓甯古塔氏世居納殷隸滿洲鑲紅旗天聰八
年以筆帖式隨巴奇蘭薩穆什喀征黑龍江及從追
逃人葉雷並有功授雲騎尉世職崇德三年隨貝勒
岳託攻明望都穴其城克之晉世職騎都尉尋復從
征黑龍江多所俘獲進攻杜赫臣城戰沒子宜爾特
赫襲順治元年隨睿親王多爾袞入山海關破流賊
李自成晉世職二等尋隨貝勒勒克德渾赴湖廣勦
流賊一隻虎六年從討大同叛鎮姜瓖並有功兼七
年九年三遇

恩詔晉世職二等輕車都尉十二年隨甯海大將軍伊爾德
平浙江舟山晉世職一等卒子某襲倭和其次子也
康熙十三年以西安府驍騎校署防禦參領從征逆
藩吳三桂有功授雲騎尉世職其同姓甯古塔氏世
居薩爾湖隸滿洲鑲白旗曰席爾度者父庫克德格
於
國初率衆來歸授雲騎尉世職卒席爾度襲天聰三年
從征明燕京滿桂等四總兵來援壁城下力戰有功
晉世職騎都尉授前鋒參領尋從征義州錦州及遵
化所至爲士卒先凡六被創崇德七年復征錦州以

病卒於軍

吉林通志卷一百一

人物志三十　國朝十五

額孟格　翁阿岱

和託諾子阿爾遜　雅爾布

蘇爾東阿　尤德赫伊爾奈

隨蓀子俄爾博　雅爾納思塔從孫齊雅塔　布思塔　顧

哈珠子喇珠　艾搏子艾達漢

滿都禮　碩色吳巴世

甯格禮　布雅里子福成額

額爾特　託敏

霸雅爾圖 子碩色 納蓋

葉陳 顧吉納 弟伊勒穆

塔納喀 子朱爾堪 孟庫 子希福納

機穆庫 子馬爾圖 孫嘉泰

布嚙 勞漢

雅母布立 子格爾泰 孫噶達渾

額孟格姓薩察氏世居琿春

國初率族人來歸

太祖既編佐領令管其一隸滿洲鑲藍旗天聰元年

太宗御極擢列十六大臣順治元年任甯遠城守尉尋率甯

遠兵同副都統和託等征山東河南師至青州賊據
馬井洞我師不得前時已曛夕遂舉火夜戰賊衆大
敗乘勝克四十餘洞復隨饒餘貝勒阿巴泰攻濟甯
率所部獨取一臺斬馘甚夥凱旋
世祖賜黃金彩幣貂皮等物授騎都尉世職七年九年三遇
恩詔晉世職二等輕車都尉十二年卒孫法福禮襲
翁阿岱與姓兆佳氏者同名姓傅察氏世居訥殷天命初來歸
隸滿洲鑲黃旗以軍校從征遼東馳斬敵騎擊我領
尉者進至甯遠旣擊敵兵敗之我軍有阿爾泰者陷
敵陣復馳援以出獨身追斬奈曼蒙古奪我士卒弓

奔敵者六人擢前鋒參領天聰三年從征明至灤州
刈草敵兵來襲逆擊敗之獲馬四十五年從征明大
淩河追斬蒙古奔松山降敵者略地中後所破其一
臺崇德六年從圍明錦州多所斬獲松山兵犯我右
翼率所部擊卻之積功授騎都尉世職尋卒子傅達
理襲再遇
恩詔晉世職輕車都尉順治十一年從征廣東戰新會縣有
功晉世職二等
和託諾姓吳爾古禪氏世居木倫
太祖時率兄弟來歸隸滿洲鑲黃旗令略地阿胡禮尼滿多

所俘獲即編其人戶俾爲佐領轄之天聰八年從征明至大同攻沙城克之以功授騎都尉世職尋卒長子哈爾遜襲次子阿爾遜順治十年以軍校從貝勒屯齊征湖廣至常德府明桂王將劉文秀遣其左將軍盧名臣與國侯馮雙禮等犯岳州武昌隨護軍統領蘇克薩哈等擊敗之又敗其王都督兵十六年隨安南將軍明安達禮自荆州援江甯破鄭成功將楊文英等獲戰艦三康熙三年隨定西將軍圖海等征湖廣茅麓山敗賊兵三千於長樂嶺又連擊賊首李來亨子於茅麓山下及上王坪並捷來亨自率兵五

千分八路來犯復以步戰敗之凱旋授雲騎尉世職
累官甯古塔協領卒子阿爾遜襲仕至都察院左副
都御史有雅爾布者姓孟鄂羅氏虎爾哈人天命元
年諸將奉
命征虎爾哈雅爾布來降亦隸滿洲鑲黃旗遣說其別屯博
機理再返博機理降收戸口七百有奇天聰七年論
功亦任佐領云
蘇爾東阿姓傅察氏訥殷諸屯長之一其七屯議歸
葉赫蘇爾東阿不從與戰被創七屯之衆遂據佛多
和城歲癸巳請兵於

太祖往圍其城攻戰三閲月破之殲其衆並救出我札爾固
齊曰查齊巴者
太祖嘉之賜戸口盔甲鞍馬等物甚厚授佐領隸滿洲鑲黄
旗並給免罪
敕書崴戊申從征烏喇陳斬其巴圖魯等四十八人賜金尋從
征葉赫斬級四十被
賚從征札庫達被九創復
賚人口大軍攻明撫順身先陷陳勝之進追毛郎之兵於温
泉殲其衆五百有奇論功授騎都尉世職病卒
尤德赫姓格濟勒氏世居雅蘭我兵往征之獲其妻

子因來歸隸滿洲正白旗及征西林以爲鄉導俘獲甚衆有湯料翁俄純者逃叛計誘斬之從大軍出略地凡取四屯尋奉
命往雅蘭招其兄弟不從旣返而偕行四人爲其黨所追殺僅以身免乃率兵復往誅其黨挈餘衆以歸積功授世管佐領天命六年從征明瀋陽遼陽克之授二等輕車都尉世職尋卒初同隸滿洲正白旗者曰伊爾奈姓費莫氏世居長白山
國初以前鋒參領從征瓦爾喀有功授雲騎尉世職尋從征明山東敗敵濟南府攻克其城晉世職騎都尉

卒子薩希布龔尤德赫子姓則未詳也

隨蒜世居瓜爾察其姓未詳大抵氏以地矣

國初征瓜爾察先其曹來歸授雲騎尉世職崇德三年

隨睿親王多爾衮征明至山東攻任邱縣偕宜爾騰

布庫抉陷城垣克之以功授世管佐領卒子俄爾傅

襲崇德六年從圍明錦州攻其關廂兵敗之又擊敗

松山援兵順治元年從入山海關偕副都統星訥擊

敗流賊李自成積功兼七年九年三遇

恩詔晉世職一等輕車都尉

雅爾納姓西林覺羅氏世居尼馬察

國初率族人來歸授佐領隸滿洲鑲白旗時明兵侵我
革苐沙漢率所部逆擊敗之授輕車都尉世職天聰
八年從克遼東有功晉世職二等順治元年從入關
七年九年三遇
恩詔晉男爵十三年卒長子胡那津襲次子武那津任佐領
庫雅那者雅爾納從子也有子曰齊雅塔曰顧思塔
曰布思塔並殉疆埸忠節炳一門焉齊雅塔從圍明
錦州戰松山沒於陳
賜人戶及布顧思塔康熙十三年以署參領隨鎮南將軍莽
依圖征逆藩吳三桂師至廣西擊賊黨馬雄祖澤清

等於桂嶺陣沒

卹贈雲騎尉布思塔康熙十三年亦以署參領隨都統赫業

征四川擊僞總兵施遵禮兵於朝天關敗賊萬七千

進戰蟠龍山沒於陣

卹贈雲騎尉

哈珠姓富察氏世居扎庫塔博爾屯

太祖時兄哲爾吉納來歸授佐領隸滿洲鑲白旗尋卒哈珠

繼管佐領事天聰八年以材勝任使授騎都尉世職

九年從征黑龍江有功晉世職二等崇德三年隨貝

勒岳託征明擊敗內監高起潛騎兵師還將出邊太

平寨兵來截又擊敗之五年同多積禮征兀扎喇部
落俘獲甚眾其夏凱旋
太宗命禮臣於五里外設宴迎勞順治元年隨睿親王多爾
衮入山海關破流賊李自成又追敗之望都尋隨都
統葉臣征山西攻太原府四敗城中出戰之眾冬隨
豫親王多鐸追流賊至潼關破其第二營又偕諸將
偵賊蹤所在突遇賊眾迎擊敗之以功晉世職輕車
都尉七年遇
恩詔晉世職一等兼一雲騎尉八年卒子喇珠襲十一年從
征福建攻廈門鄭成功列戰艦六百餘艘於澄浦嶼

偕都統索渾破之獲其總督陳輝所乘船康熙三年隨定西將軍圖海等征湖廣戰茅麓山及長樂嶺並捷賊渠李來亨遣其子率兵四千列火器拒戰以步兵擊敗之茅麓山賊衆來援與諸將分擊敗去追至上王坪再擊來亨兵皆勝論功晉子爵累擢副都統十三年從征逆藩吳三桂至岳州卒於軍

艾搏姓尼馬察氏卽所居地也天命初來歸隸滿洲鑲紅旗性驍勇嘗以二十人襲取明十三站寨授佐領

賜號巴圖魯天聰元年從攻朝鮮義州率四十人掩入大軍

繼之遂克其城以功授騎都尉世職病卒子艾達漢

襲崇德元年從征朝鮮右臂中創不復能鬬弓以守

英額關門順治元年定鼎燕京移守阜城門七年九

年三遇

恩詔晉世職一等輕車都尉兼一雲騎尉康熙七年卒子阿

賴襲十三年從征逆藩吳三桂至江西連敗賊於吉

安府十九年隨征南大將軍賚塔征雲南戰黄草壩

及雲南城下並有功累晉男爵

滿都禮其氏未詳世居葉赫之東城方葉赫未平即

效誠款

太祖遣往葉赫部說其酋豪凡十二次悉招其姻族來歸以
功授佐領隸滿洲鑲藍旗天命四年從征明撫順有
功六年從征遼東力戰被創敵兵犯我鑲紅旗營復
怒馬馳擊斬十三級授騎都尉世職擢參領先後
賜滿洲人十戶他人口千尋坐事奪世職仍任參領兼佐領
從征董鄂病没於軍
碩色吳巴世姓納喇氏世居輝發
國初來歸隸滿洲正藍旗天命七年大兵征明取廣甯
獲察哈爾汗所使臣四命碩色吳巴世齎
敕偕四人往察哈爾部招其汗降察哈爾汗不從顧反誘留

之碩色吳巴世以死拒囚之三載與守者通跳而免
饑寒顛踣躶體以歸
太祖大悅語羣臣曰碩色吳巴世來歸未久遂使察哈爾初
非素受我恩而誠於所事至躶體忍饑冒死而來良可嘉
尚其給人戶牲畜善養之尋奉
敕招巴克貝勒有昂阿貝勒者以兵三百邀於路他使臣憚
之輒返獨率所屬以進擊昂阿敗去卒至其地說巴
克降
太祖大喜以所御黃袍及帶三條馬一匹
賜焉授世管佐領卒子觀布襲

甯格禮世居甯古塔以地爲氏

國初偕兄弟來歸授佐領隸滿洲正藍旗時有圖勒愼

者潛兵來犯倉卒不及上

聞遣達諸護率兵逆擊之大敗其衆和思哈立屯衆叛逃復

遣達諸護追獲之而鄂爾託和奔烏喇和莫諾亦奔

他部並追斬以還論功授騎都尉世職崇德八年隨

副都統鄂羅塞臣征黑龍江陳獲十有八人又從征

雅克薩城縱火先登克之晉世職二等卒同旗有尼

哈理者同居甯古塔亦以敗圖勒愼兵並追獲逃亡

功任佐領云

布雅里世居卦爾察即以爲氏天命九年來歸隸滿洲鑲藍旗時

太祖方招降沙布圖不聽布雅里往說之沙布圖遂以五百人內附

太祖嘉其功授副佐領天聰九年署護軍參領隨沙爾虎達等征黑龍江多所俘獲授世管佐領崇德三年卒子福成額初任護軍校康熙三年隨靖西將軍穆理瑪等征湖廣流寇餘黨李來亨數敗賊衆十四年隨信郡王鄂札征叛逆察哈爾布爾尼戰於大魯勝之布爾尼合餘衆復戰又再敗以去凱旋授騎都尉世職

擢驍騎叅領明年調護軍叅領從征逆藩吳三桂師至湖廣擊僞總兵唐培生於牢莊敗之進攻永興僞將軍馬寶率兵三萬來援力戰卻之二十九年厄魯特噶爾丹作亂以護軍統領隨理藩院尚書阿爾尼往討之遇賊於烏爾會阿爾尼不俟大軍倉卒與戰福成額殞焉喪還

聖祖特遣內大臣侍衛等往奠

賜銀千一百兩

卹贈兼一雲騎尉

額爾特姓伊拉禮氏世居烏喇

國初來歸隸滿洲鑲藍旗天聰五年以軍校從征大淩
河有功任副佐領嗣隨攻戰輒先登
太宗嘉其勇授雲騎尉世職順治七年九年三遇
恩詔晉世職輕車都尉十四年卒子達爾泰阿山達爾泰既
襲世職康熙十四年從征叛鎮王輔臣以功洊擢至
副都統阿山有文學歷官翰林院掌院學士教習丁
丑科庶吉士康熙三十九年任江南江西總督內擢
刑部尚書

托敏姓穆爾禪氏世居阿庫里
國初率百人來歸授雲騎尉世職隸滿洲鑲藍旗從征

阿庫里尼滿有功任佐領天聰九年隨吳巴海等征
瓦爾喀多所俘獲兼一雲騎尉是年又隨巴奇蘭薩
穆什喀征黑龍江以功晉世職騎都尉
霸雅爾圖姓民覺羅氏世居葉赫
國初來歸隸滿洲正黃旗以功任佐領天命六年從征
明遼東敵兵扼橋以拒進奪之授騎都尉世職尋從
攻甯遠沒於陳子阿賽襲坐事免次子碩色襲順治
元年從平江南師至淮安敵兵四萬拒戰隨副都統
希喇巴雅拉擊走之復偕阿藍察格爾圖敗敵衆萬
餘於鶯台山島六年從貝子吞齊征甘州蘭州叛回

敗其衆三萬又連敗黃羅山賊魏天明尋從征山西叛鎮姜瓖降四縣進攻陽城克之積功晋世職一等輕車都尉七年九年三遇

恩詔晋男爵

納蓋姓瓜爾佳氏世居蘇完隸滿洲正黃旗早從征伐有戰功以佐領駐防千山適降我段備禦卒衆亡去納蓋追及之斬千總二既聞敵兵犯葉克舒屯堡即往援斬級四十天命十年隨大兵取旅順口力戰沒於陳

卹贈騎都尉世職子古喇哈襲順治七年九年三遇

恩詔晉世職一等輕車都尉兼一雲騎尉康熙二年追論納
蓋從征錦州松山功晉古喇哈男爵
葉陳姓舒穆祿氏世居朱社禮堡
國初來歸隸滿洲正白旗其妻
太祖女弟也遇之甚厚
賜馬三十匹甲三十具裘三十襲及他服御等物又以其居
處遠
賜斛勒地百頃令作樓以居號曰額駙從征哈達戰沒
卹贈輕車都尉世職弟葉錫亦以從征被創前沒子幼世職
暫停襲

特詔其家賦役悉予豁免使有以自贍焉嗣葉陳第四子沙
渾年長襲世職晉一等任一等侍衛兼佐領
顧吉納姓洪鄂氏世居尼馬察
太祖肇業初其叔瑚球率三百户來歸授世管佐領隸滿洲
鑲紅旗卒顧吉納繼其職天命四年從征葉赫率所
部力戰没於陳弟伊勒穆繼之天聰六年從征明大
淩河率五十人爲軍鋒遇明監軍道張春前隊策馬
直入其陳遂敗之授騎都尉世職八年擢護軍參領
從征明遇哨卒蒙古漢人各二來偵獨騎斬一人擒
其三以獻尋卒

塔納喀姓西克特立氏世居卦爾察之洪鄂初任佐領隸滿洲鑲紅旗天命六年從征明戰遼河有功擢參領奉
命往收卦爾察族屬挈三百人以歸天聰五年從征明大淩河破監軍道張春兵面被創墮齒被
優賚七年從征明旅順口率所部先登中礮沒
卹贈騎都尉世職子朱爾堪襲從征黑龍江率甲士十人敗敵前鋒多所俘獲順治元年復入山海關擊流賊有功兼一雲騎尉七年九年三遇
恩詔晉世職一等輕車都尉

孟庫姓鄂濟氏世居烏喇
國初來歸隸滿洲鑲紅旗董夔之役獲綽什希塔布囊
妻並使女二人及弟台吉西岱等天聰八年從征明
攻大同左衛城偕赭庫先登克之
賜赫爾根蒙古八戸尋從攻懷來陳沒累官副都統雲騎尉
世職子希福納襲任佐領隨靖南將軍珠瑪喇征廣
東敗明將李定國兵於新會縣旋從征逆藩耿精忠
師至江西連戰皆捷病卒於軍
卹贈兼一雲騎尉子西清襲
機穆庫姓尼馬察氏世居長白山東之呼野

太祖時來歸隸滿洲鑲紅旗從征瓦爾喀有功授世管佐領
天聰二年從攻明錦州被創卒子馬爾圖繼其職五
年再征明錦州請效命行間復父讐戰大淩河獲明
監軍道張春授騎都尉世職順治七年九年三遇
恩詔晉世職二等有蓀嘉泰者姓董鄂氏世居瓦爾喀與同
旗天命六年從攻明瀋陽陳沒
卹贈騎都尉世職子阿爾東阿襲他戰績未詳
布噶姓舒穆魯氏世居訥殷
國初來歸任佐領隸滿洲正藍旗拜常阿等四屯人叛
率兵討平之獻所俘獲論功授二等輕車都尉世職

天命六年從
太祖取瀋陽先登戰沒子花山襲勞漢姓塔他拉氏世居查
庫穆與布噶同旗天命三年從
太祖攻明撫順以第一人先登克其城
賜號巴圖魯天聰元年隨大貝勒阿敏征朝鮮兵臨義州選
八旗巴圖魯攻之偕艾摶以夜潛登戰沒
卹贈騎都尉世職子沙喇奇襲

雅母布立姓瓜爾佳氏世居瓦爾喀之內河
國初父查爾糾率百人來歸
太祖授雅母布立爲世管佐領隸滿洲鑲藍旗天命六年從

攻明瀋陽戰沒城下

卹贈騎都尉世職子葉勒伸襲天聰八年坐事黜次子格爾

泰襲崇德五年隨睿親王多爾衮圍明錦州擊敗其

杏山兵明年復圍錦州乘夜進攻克其外城敵兵自

松山來援偕衆將擊卻之七年略地明甯遠有功明

年從征黑龍江之祉里城多所俘獲尋隨鄭親王濟

爾哈朗征明取前屯衞奪門直入克其城順治二年

論功積晉世職二等輕車都尉明年坐事復降爲騎

都尉七年九年三遇

恩詔仍晉二等輕車都尉從征四川戰漢中府涪州並捷十

六年隨安南將軍明安達禮鎮荆州鄭成功陷鎮江
逼江甯下援連敗之晉世職一等兼一雲騎尉噶達
渾雅母布立孫也初任西安駐防佐領康熙十四年
從征叛鎮王輔臣戰平凉府陳没

卹贈雲騎尉世職

吉林通志卷一百二

人物志三十一 國朝十六

國恩泰 子那敏　圖魯石 子舒書

圖那 弟沙慕賽　鄂申

索渾　瓜喇 子庫達禪

額塞　胡爾班

博奇　屯泰

布色赫　伊吉禮

噶布喇　薩克察

圖爾伯深　塔爾機善

蘇巴泰　翁什庫

旦代哈爾漢　查蘇喀羅多禮子諾穆齊　羅多禮

傅察猶子疏拜　吳達納猶子胡什屯

喀喀齊哈弟鄂赫武納　阿爾泰從弟艾穆布

納璘子達爾呼達　和碩退猶子雍貴

達喇密　闖褚

察瑪垓猶子羅思漢隴玉　布庫子察哈達　都達海

布當奇理　湯古善達爾漢

穆福　發爾那

邦納密　章泰子賈爾海

薩督族子吳鈕　邁思哈
瓦星阿代吳輿格　阿布糾多子鄂多和　勒德
哈爾哈濟剛阿達　訥爾德
國恩泰姓納喇氏世居輝發後隸滿洲正藍旗通漢
文書籍天聰八年應禮部試
賜舉人崇德元年入直內秘書院順治元年授禮部理事官
八年擢侍郎尋陟尚書並居禮部十三年
世祖以六官多溺職各予降黜於是亦降三級留任十五年
罷康熙八年起工部尚書調禮部十年致仕十二年
卒

賜祭葬如例子那敏康熙十八年任三等侍衛尋授佐領雍
正二年遷正白旗滿洲副都統旣擢鑲黃旗滿洲都
統十二年卒子諾岷歷官山西巡撫史載其兩疏言
事非官貲僅具者比例不得詳也
圖魯石姓納喇氏世居葉赫隸滿洲鑲黃旗崇德閒
任理藩院副理事官順治元年隨英親王阿濟格擊
流賊連敗之三年隨豫親王多鐸討叛酋騰機思道
擊喀爾喀碩羅汗土謝圖汗等兵並捷五年齎
詔往蒙古値鄂爾多斯賈木蘇之亂爲所害
卹贈雲騎尉世職子舒書襲九年兩遇

恩詔晉世職騎都尉兼一雲騎尉十一年隨甯海大將軍伊
爾德征浙江舟山連戰皆捷多所斬獲晉世職輕車
都尉康熙元年隨定西將軍愛星阿由雲南入緬甸
十三年逆藩吳三桂反從征至四川擊賊廣元縣勝
之明年從征陝西逆鎮王輔臣轉戰漢中府等處敗
賊者六晉世職二等
圖那姓托科羅氏世居虎爾哈天命六年我兵征其
地父卓爾糾來歸授佐領隸滿洲正白旗天聰三年
從征明燕京偕鄂羅塞臣督運芻草遇敵兵力戰陳
沒

卹贈騎都尉世職次子沙慕賽襲圖那其長子也初以戰功授佐領坐事黜崇德六年從征明圍錦州偕鄂莫克圖擊其松山騎兵連戰皆捷又擊敗經略洪承疇步兵三營英親王阿濟格駐兵杏山河岸敵兵自甯遠來窺同前鋒統領努山逆擊於連山斬三十級獲馬如之尋偕鄂莫克圖往視甯遠濠塹敗其騎兵沙河敵騎五十來窺我牧所率兵往拒其兵四百人繼至與戰大敗去八年隨貝勒阿巴泰征明遇明總兵以衆拒戰偕色赫擊斬之順治元年隨豫親王多鐸南征追流賊至潼關三戰皆捷賊乘夜來犯我營復同

雅賴敗之於濠邊明年與布當奇理雅賴等攻克揚
州府城旋隨貝勒博洛趨杭州偕鄂碩費揚古敗明
大學士馬士英兵於城外移攻松江府先登克之積
功復佐領授騎都尉世職七年九年三遇
恩詔晉世職二等輕車都尉十六年從征廣西遇明將李定
國力戰歿於陳子尼耶和襲沙慕賽旣襲父騎都尉
世職順治七年九年三遇
恩詔晉二等輕車都尉十一年從征明魯王至浙江舟山隨
甯海大將軍伊爾德擊其英毅伯阮思等戰艦百餘
敗之以功晉世職一等

鄂申姓鈕祜祿氏世居英額隸滿洲正紅旗父巴賚
國初偕其族屬來歸
太祖以爲侍衛令仍所居會鄰屯搆兵
命率族攻其南
太祖親攻其北屯長以衆降歲壬子葉赫烏喇哈達等九部
犯境從大軍禦之力戰有功天命三年築城界藩以
爲長駐之明年明總兵劉綎等率兵來犯敗去五年
自
興京遷都薩爾滸築城以扎客丹爲界仍
命爲長駐之明年從攻北平先登拔其城及戰遼陽創甚

恩賚獨優尋統兵駐守英額煮鹽於虎爾哈輸廣甯備儲之
又率兵攻瓦爾喀俘獲甚衆復被
優賚八年
特賜人戶十天聰六年年老致仕崇德八年卒年七十八鄂
中崇德五年從征明圍錦州克松山七年隨貝勒阿
巴泰征明至山東拔臨清州順治元年隨睿親王多
爾袞入山海關破流賊李自成追至保定大殲之尋
隨都統葉臣徇下直隸諸郡縣進征山西又隨英親
王阿濟格勦陝西流寇並有功三年隨貝勒博洛定
浙閩明年隨將軍哈哈木擊陝西賊帥王雲祥分兵

攻白水縣及蒲城並先登克之

賜號巴圖魯積功授騎都尉世職十年從征廣東破潮州明年隨寧海大將軍伊爾德征舟山數敗明總制陳六御等兼一雲騎尉康熙元年任杭州協領八年擢京口副都統十三年逆藩耿精忠叛偕諸將討之自浙入閩大小十數戰獲僞總兵閻標陳深參將林英以下官二百餘員誅之斬級萬數千奪軍資無算事平追坐賊陷江山縣不能禦及不能奪台州之小梁山海州之祖山頭以功抵仍罷任三十二年卒年七十

索渾姓瓜爾佳氏世居烏喇隸滿洲鑲白旗初任護

軍參領崇德五年隨睿親王多爾袞征明錦州偕副都統席特庫陳斬敵兵二十獲馬六十四明年從圍錦州城中兵出犯率所部力擊敗之七年
太宗親征錦州與諸將戰松山杏山及遇明經略洪承疇兵並捷都斬級四百有奇獲馬幾三百奪纛六旣而松山騎兵乘夜突出與諸將追至海岸多所斬馘還遇杏山騎兵復同席特庫等擊斬百數十級有降明蒙古兵十六人據山巓瞭我偕胡禮布徒步往殲之八年隨鄭親王濟爾哈朗征明甯遠凡三戰復隨貝勒阿巴泰征明三河凡四戰皆勝斬獲甚夥順治元年

隨睿親王入山海關流賊李自成將唐通拒於一片
石同席特庫力戰敗之偕都統譚泰追擊又勝積功
授騎都尉世職兼一雲騎尉七年九年三遇
恩詔晉世職一等輕車都尉累官至護軍統領兼吏部侍郎
十六年擢本旗滿洲都統康熙元年坐同內大臣達
素征福建無功褫職
瓜喇姓民覺羅氏世居鄂莫輝隸滿洲正黃旗崇德
六年以佐領從圍明錦州擊敗松山援兵於濠邊經
略洪承疇率兵犯我鑲紅旗營同巴布海援擊卻去
尋復三犯我步軍營並敗之及敵兵潰入塔山五里

臺睿親王多爾袞令率護軍守之俄而援至逆擊卻
去斬級十數獲馬十明日攻破其臺盡殲焉無一人
得逸復擊破監軍道張春兵及巡視海岸我達布孫
尼堪僅千人敵衆適至或欲進以衆寡不敵止之俟
夜戰久之鼓而前無不以一當十敵多溺水死進軍
昌平州我以雲梯登者率被創退乃越衆猱攀而上
卒克之從攻大同復有功七年隨都統譚泰等征明
至黃崖口攻克其城順治元年隨譚泰征山西駐防
太原援破圍陽曲縣賊二千俄都統宜拜營復圍於
賊偕阿濟拜以四百騎夜往解之賊敗遁獲馬四百

有奇三年隨肅親王豪格征四川擊流賊張獻忠兵
數破之自從征討身被二十七創被
賚者十次積功授騎都尉世職七年九年三遇
恩詔晉世職二等輕車都尉累官副都統以疾卒子某襲又
子庫達禪康熙十三年以護軍參領從征逆藩吳三
桂戰石門坎黃草壩有功授騎都尉世職二十九年
隨裕親王福全征噶爾丹戰烏闌布通陣沒
卹贈兼一雲騎尉
額塞姓納喇氏世居葉赫隸滿洲鑲白旗崇德三年
從征明夜以雲梯襲攻吳橋縣偕偏珠先登拔之授

雲騎尉世職六年從圍明錦州敗敵於松山順治二年隨豫親王多鐸南征至淮安擊敵黃淮之閒旣捷又連敗之三里橋海安湖口橋師進如皋縣偕副都統康喀爾擊敗敵兵五千餘副將高某以騎兵三千駐鶯台山島偕參領格爾圖往擊潰去尋從征福建有功五年從討江西叛鎮金聲桓連敗賊兵賊渠王得仁率步騎七千犯我鑲黃旗營同署參領阿玉璽擊卻之積功兼七年九年三遇

恩詔晉世職二等輕車都尉十年從征湖廣戰沒於衡州

卹晉世職一等子滿塞襲

胡爾班姓汪佳氏世居訥圖隸滿洲正白旗崇德八年從攻明霸州偕噶尼先登拔之

賜號巴圖魯授騎都尉世職順治元年隨都統葉臣征山西取太原府斬流賊僞總兵一副將三明年隨英親王阿濟格征流賊至陝西延安府賊夜出犯偕胡世納賈隆阿擊走之我佐領哈爾漢鄂本陷賊同鄂穆索科入賊陣覓之者再賊不能禦卒得其尸以還城賊奔偕馬習以四十人躡擊連戰皆捷尋敗賊綏德州追至湖廣武昌府遇賊衆擊之復再勝三年從征福建三戰敵三北五年隨征南大將軍譚泰討江西叛

鎮金聲桓賊將郝善以兵萬餘來拒偕諸將擊敗之
師次南昌府焚賊船七百獲船十賊衆犯我鑲黃旗
濠塹援擊敗去六年賊以步騎二萬寇贛州營於徐
嶺偕諸將進破其五營叛鎮李成棟之遁復邀擊敗
之積功兼七年九年三遇
恩詔晉世職二等輕車都尉十一年隨靖南將軍珠瑪喇征
廣東連敗明將李定國兵於新會縣戰甚力以功晉
世職一等兼一雲騎尉尋卒子卓泰襲卓泰卒子卓
山襲以戰功累晉二等男爵故事巴圖魯多攻城先
登者得之謂之勇號天聰崇德間大將而下其偏裨

隸吉林

賜號可詳者胡爾班外曰博奇曰屯泰曰布色赫曰伊吉禮曰噶布喇曰薩克察曰圖爾伯深曰塔爾機善曰蘇巴泰曰翁什庫大抵皆是物也書曰我則有熊羆之士詩曰矯矯虎臣其諸人之謂乎

博奇姓舒書覺羅氏世居長白山之伊爾海隸滿洲鑲藍旗崇德三年隨睿親王多爾袞征明至山東攻濟南府偕蘇巴泰等先登克之

賜號巴圖魯授騎都尉世職六年從攻松山明兵乘夜出奔追敗之以功兼一雲騎尉順治元年隨豫親王多鐸

追剿流賊於潼關三戰三捷明年南攻泗州及揚州下之其夏追明福王至蕪湖敗其將黃得功獲船五三年隨豫親王追討叛酋騰機思擊土謝圖汗兵大破之積功晉世職輕車都尉七年遇
恩詔晉二等尋卒
屯泰姓馬佳氏世居薩哈旣移於綏芬隸滿洲正黃旗天聰五年從大兵取明大淩河留駐錦州近郊敵兵來犯身爲軍鋒陷其陳崇德八年隨貝勒阿巴泰征明至山東以雲梯攻費縣先登克之
賜號巴圖魯並前功授騎都尉世職順治七年遇

恩詔兼一雲騎尉

布色赫姓奇氏世居葉赫隸滿洲正紅旗崇德三年隨貝勒岳託征明攻深州偕達雅禮以雲梯先登克其城

賜號巴圖魯授騎都尉世職順治元年隨睿親王多爾袞入山海關擊流賊李自成敗之尋隨都統葉臣征山西至太原府敗土賊千餘又偕阿爾賽擊敗僞總兵兼一雲騎尉七年九年三遇

恩詔晉世職一等輕車都尉

伊吉禮姓馬佳氏世居薩哈既移於綏芬隸滿洲正

黃旗崇德三年隨貝勒岳託征明越燕京攻趙州先
登克之
賜號巴圖魯授騎都尉世職兼一雲騎尉順治三年卒兄子
博磊襲遇
恩詔晉世職輕車都尉
噶布喇姓瓜爾佳氏世居松阿里隸滿洲正白旗崇
德三年隨睿親王多爾衮征明至山東攻樂安縣先
登克其城
賜號巴圖魯授騎都尉世職順治元年隨睿親王入山海關
以功兼一雲騎尉弟嘉龍阿初以從征黑龍江功授

雲騎尉世職順治二年從擊延安府流賊不利身爲
軍殿被十二創沒於陣
卹晉世職輕車都尉優於常科云
薩克察姓西他拉氏世居長白山之尼牙滿村隸滿
洲正白旗崇德八年隨貝勒阿巴泰征明至山東攻
壽光縣先登克其城
賜號巴圖魯授騎都尉世職順治元年隨睿親王多爾衮破
流賊於山海關偕諸將追擊又連敗之以功兼一雲
騎尉七年九年三遇
恩詔晉世職一等輕車都尉

圖爾伯深姓布爾察氏世居阿庫里隸滿洲正黃旗
崇德八年隨貝勒阿巴泰征明至山東圍攻泗水縣
先登克之
賜號巴圖魯授騎都尉世職順治七年九年三遇
恩詔晉世職二等輕車都尉累官杭州將軍致仕卒
賜祭葬如故事謚敏果
塔爾機善姓西克特立氏世居瓜爾察之洪鄂村隸
滿洲鑲紅旗崇德八年隨貝勒阿巴泰征明攻順德
府偕羅多洪以雲梯先登克之
賜號巴圖魯授騎都尉世職兼一雲騎尉順治七年九年三

遇

恩詔晉世職一等輕車都尉

蘇巴泰姓瓜爾佳氏世居烏蘇隸滿洲正黄旗崇德

三年從征明至山東攻濟南府先登克其城

賜號巴圖魯授騎都尉世職兼一雲騎尉六年從大兵征明

圍錦州數有戰功晉世職二等順治七年九年三遇

恩詔晉一等輕車都尉兼一雲騎尉

翁什庫姓甯古塔氏世居綏芬隸滿洲正黄旗崇德

四年從征黑龍江戰哈嚴屯有功八年隨貝勒阿巴

泰征明至山東攻滕縣先登克之

賜號巴圖魯授騎都尉世職順治七年　九年三遇
恩詔晉世職二等輕車都尉
旦代姓伊喇立氏世居葉赫隸滿洲鑲黃旗崇德元
年任前鋒參領以所部從取安水城授雲騎尉世職
四年偕巴圖魯鼇拜略地錦州斬級二十獲馬十四
羊七十明年從征明以功晉世職騎都尉兼一雲騎
尉七年從圍明錦州擊明經略洪承疇兵陳沒
卹贈一等輕車都尉世職同旗哈爾漢姓佟佳氏世居佳哈
崇德六年從圍明錦州松山騎兵來劫我紅衣礮偕
護軍參領丹代擊敗之順治元年隨睿親王多爾袞

入山海關破流賊李自成明年同葉克舒追擊流賊
至延安府以甲士四十守南山有賊步騎來犯偕敖
賓力戰不退被創卒
卹贈騎都尉世職敖賓隸正白旗他未詳
查蘇喀姓吳蘇氏世居甯古塔隸滿洲正藍旗有文
學崇德初以佐領直文館
賜號巴克什七年從攻明錦州戰裏紅山陳沒故事宜有
卹贈失之矣羅多禮姓瓜爾佳氏世居葉赫隸滿洲鑲藍旗
崇德八年任理藩院員外郎考滿授雲騎尉世職順
治七年奉

命招甘肅白帽賊爲所留不屈死之子三吳實襲世職累官
都統巴錫累官雲貴總督内遷戸部侍郎諾穆齊則
仲子也康熙十四年以署參領從征逆藩吳三桂沒
於陳

卹贈雲騎尉世職
傅察姓鈕祜祿氏世居烏喇隸滿洲正黃旗崇德三
年隨貝勒杜度征明至山東攻滕縣以雲梯先登入
之後無繼者遂戰沒

卹贈騎都尉世職無子兄子疏拜襲順治七年九年三遇
恩詔晉世職輕車都尉康熙十四年從征叛鎮王輔臣擊僞

總兵高定蔡遠於關山河敗之進圍秦州平凉賊萬
餘來援城賊亦出連戰皆勝又解羅門鎮之圍尋敗
僞總兵張興等於北山十六年隨征南將軍穆占禦
逆藩吳三桂於湖廣十八年擊賊松滋縣敗之積功
晉世職一等
吳達納姓鈕汪堅氏世居輝發隸滿洲鑲藍旗崇德
三年以前鋒參領隨睿親王多爾衮征明攻寶坻縣
先登克之六年隨鄭親王濟爾哈朗圍明錦州夜克
其外城八年隨貝勒阿巴泰征明擊敗其總兵白廣
恩進攻薊州身先士卒力戰殞焉

卹贈騎都尉世職無子猶子胡什屯初以戰功授雲騎尉至是兼襲順治初任荆州協領流寇攻陷應城縣隨駐防將軍往援三戰皆勝陳斬僞副將二守備三把總一兵二百餘遂復其城晉世職輕車都尉

喀喀齊姓瓜爾佳氏世居烏喇隸滿洲鑲黃旗崇德七年以軍校隨貝勒阿巴泰征明明年至山東攻東阿縣自水洞潛入克其城授雲騎尉世職順治七年九年三遇

恩詔晉世職輕車都尉尋卒弟鄔赫襲十一年隨甯海大將軍伊爾德征浙江舟山偕署護軍統領尼雅達數敗

明魯王將英毅伯阮思等獲其戰艦以功晉世職二等有武納哈者與同旗姓赫舍里氏世居葉赫亦以功授騎都尉世職累官江甯副都統

阿爾泰姓阿穆拉氏世居長白山之渥集隸滿洲鑲黃旗崇德八年以軍校隨貝勒阿巴泰征明至山東攻沂水縣我軍有滚泰者以雲梯先登阿爾泰繼之克其城授雲騎尉世職尋卒子觀音保襲順治七年遇

恩詔晉世職騎都尉未幾卒無子以從弟艾穆布襲十一年征浙江舟山隨署護軍統領尼雅達擊敗明將阮思

又敗其總制陳六御等以功兼一雲騎尉順治十七年從征福建隨平南將軍賚塔連擊敗鄭成功將劉國軒等十九年復隨征逆孽吳世璠進自廣西破賊兵於石門坎進奪黃草壩直逼雲南城城平積功晉世職二等輕車都尉

納璘姓塔他拉氏世居瓦爾喀初投朝鮮爲部屬崇德元年朝鮮平來歸授世管佐領隸滿洲正黃旗順治元年從入山海關破流賊李自成又追敗之望都以功授雲騎尉世職卒子敏達襲七年九年三遇

恩詔晉一等輕車都尉坐事降騎都尉兼一雲騎尉改以其

弟達爾呼達襲十一年從征廣東連敗明將李定國兵於新會縣有功晉世職輕車都尉

和碩退姓瓜爾佳氏世居蘇完隸滿洲正黃旗崇德三年從大兵征明攻甯津縣先登克其城授雲騎尉世職八年從征明攻順德府城復先登克之晉世職騎都尉順治七年九年三遇

恩詔晉輕車都尉尋以從征福建功晉世職二等病卒無子兄子雍貴襲十六年隨安南將軍達素征福建率舟師敗鄭成功兵於烏龍江上旋聞羅源縣被圍率師往援力戰沒於陳

卹贈晉世職一等
達喇密姓瓜爾佳氏世居蘇完隸滿洲正黃旗崇德三年隨貝勒岳託征明敵兵夜犯前鋒營偕諾木齊逆擊敗之師至博野縣先登克其城以功授雲騎尉世職順治元年從入山海關擊流賊李自成敗之晉世職騎都尉七年九年三遇
恩詔累晉二等輕車都尉
闡褚姓瓜爾佳氏世居三姓隸滿洲正黃旗崇德四年從征黑龍江力戰被創九仍破敵兵以功授騎都尉世職順治七年九年三遇

恩詔晉世職二等輕車都尉卒子賽弼圖襲數從征伐身受
數創康熙四十七年坐事降騎都尉尋以創發卒
䘏贈兼一雲騎尉子長安襲
察瑪⿰王亥世居完顏以地爲氏隸滿洲正黃旗崇德閒
任前鋒侍衞從征戰有功授雲騎尉世職卒兄子羅
思漢襲順治七年九年三遇
恩詔晉騎都尉康熙元年以前鋒參領隨定西將軍愛星阿
征雲南連敗明將李定國兵晉世職二等輕車都尉
躧玉與同旗姓薩克達氏世居甯古塔崇德四年以
驍騎校隨薩穆什喀等征黑龍江有功授世管佐領

卒孫曰張保住從征逆藩吳三桂戰沒於烏木山

卹贈雲騎尉世職傳天聰崇德間人例不及孫以國殤著之

布庫姓民覺羅氏世居佛訥赫隸滿洲正白旗父胡

密色事

太祖時有賈海虎色者遣滚布魯持鴆藥來獻詗知之飛馬

馳奏謀乃不行天聰八年追論其功授長子莫爾泰

世管佐領以老休致布庫繼之崇德三年隨貝勒岳

託征明越燕京攻任邱縣偕宜爾鼐隨蒜掘頽其城

垣克之授騎都尉世職兼一雲騎尉順治七年遇

恩詔晉世職輕車都尉卒次子察哈達襲順治十一年隨靖

南將軍珠瑪喇征明桂王至廣東擊其將李定國兵
於新會縣連敗之以功晉世職二等初布庫之卒長
子穆臣病故察哈達以次子襲至是穆臣病愈以父
世職讓之而已得戰功所授雲騎尉云同旗都達海
姓托和洛氏世居烏喇崇德三年以軍校隨貝勒杜
度征明至山東攻濟陽縣克之順治元年隨豫親王
多鐸追擊流賊李自成於潼關敗之明年隨貝勒博
洛征浙江有功三年復隨豫親王追叛酋騰機思破
喀爾喀土謝圖汗及碩雷汗兵授雲騎尉世職卒
布當奇理姓納喇氏世居葉赫隸滿洲正白旗崇德

三年以前鋒參領隨貝勒杜度征明旣出邊率甲士
二十八爲殿明兵來追擊卻之五年從圍明錦州敗
杏山騎兵明年復從圍錦州敗松山步兵並爲軍鋒
八年隨貝勒阿巴泰征明至三河縣擊敵步騎於渾
河岸敗之順治元年十一月隨豫親王多鐸追流賊
李自成於潼關連戰皆捷又擊敗賊兵夜劫我營者
攻關先登克之明年師至揚州府偕諸將用紅衣礮
破其城積功授騎都尉世職
湯古善姓覺羅氏世居烏喇隸滿洲正白旗崇德六
年大兵征明圍錦州隨副都統星訥擊松山騎兵敗

之任工部理事官順治元年從入山海關偕參領烏
庫禮督步騎擊走流賊李自成以功授騎都尉世職
五年考滿兼一雲騎尉七年九年三遇
恩詔晉世職一等輕車都尉烏喇有達爾漢姓納喇氏與同
旗崇德七年以雲騎尉從征明圍松山敵兵犯我鑲
紅旗營偕特晉擊敗之順治元年從入山海關擊走
流賊李自成以功晉騎都尉世職七年九年三遇
恩詔晉二等輕車都尉
穆福姓佟佳氏世居烏喇隸滿洲正白旗崇德八年
署前鋒參領隨鄭親王濟爾哈朗攻明前屯衛分兵

趨中前所偵知城中人已遁遂入據之順治元年隨
睿親王多爾衮入山海關擊走流賊李自成追至望
都及眞定府又連敗之尋隨都統葉臣征山西至河
南懷慶府有賊拒戰偕都統巴哈納擊敗其衆逐北
至黃河岸旣抵太原周視其城城內賊突出力戰乃
遁旋率前鋒兵偵賊絳州渡口遇賊步騎千餘擊走
之獲其船六明年隨英親王阿濟格征陝西自西安
府躡賊至湖廣承天府道殲數百人獲船十有二賊
自承天遁率前鋒兵追敗之破其一營仍擊敗賊將
積功授騎都尉世職五年隨征南大將軍譚泰討江

西叛鎮金聲桓四戰皆勝所獲賊船及燒燬者甚夥
偕和托招降南豐縣以功兼遇七年九年
恩詔晉世職二等輕車都尉
發爾那姓吉朗吉瓦爾喀氏世居長白山隸滿洲正
白旗數以軍校從征伐順治元年隨豫親王多鐸平
江南尋隨貝勒博洛征浙江敗敵富陽縣進趨杭州
破明大學士馬士英等兵至嘉興府偕敦兑擊敗城
內出戰者敵水陸兩路來援復偕顏納代連戰大破
之四年從征福建進自分水關以前鋒敗敵於峽口
同鄂碩敦兑攻關入之破其兵萬餘五年隨征南大

將軍譚泰討江西叛鎮金聲桓擊敗賊兵二千於童
子渡進攻饒州府同噶爾他拉吳孫畢瑚敗賊城下
復偕顧魯穆奇力戰拔其城賊兵數來犯同前鋒統
領博爾惠擊敗之積功兼七年九年三遇
恩詔授騎都尉世職兼一雲騎尉十五年從征明桂王於貴
州明年師還至江南鄭成功陷鎮江瓜州進逼江甯
隨副都統噶褚哈擊之江中奪船二遂會江甯諸軍
與連戰成功敗遁以功晉世職輕車都尉
邦納密姓塔塔兒氏世居瓦爾喀父馬福塔與姓納喇氏者
同名崇德元年率百餘戶來歸隸滿洲正紅旗用戰功

賜號巴圖魯並蟒袍貂帽各一五年授世管佐領卒邦納密
繼其職數從征討順治元年隨睿親王多爾袞入山
海關偕前鋒參領鈕尼哈擊敗流賊李自成又偕和
碩額駙杜雷追至望都大破之尋隨豫親王多鐸追
討流賊至潼關攻所據山寨連敗賊兵以功授騎都
尉世職三年隨豫親王討逆酋騰機思率所部破賊
有功兼七年九年三遇
恩詔晉世職二等輕車都尉十八年隨定西將軍愛星阿征
雲南入緬甸以功兼一雲騎尉康熙十四年坐事削
恩詔所得世職餘輕車都尉以其兄尙祿襲

章泰姓納喇氏世居松阿里隸滿洲鑲白旗崇德三年隨貝勒岳託征明至獻縣以雲梯先登被創不退卒克其城授雲騎尉世職順治二年創發卒子賈爾海襲七年九年三遇

恩詔晉世職輕車都尉十年隨貝勒吞齊征湖南遇孫可望兵於岔路口率所部敗之明年隨甯海大將軍伊爾德征浙江舟山擊明英毅伯阮思等連敗其眾以功晉世職二等十六年追論章泰功復晉世職一等

薩魯姓吳蘇氏世居訥殷父戴蒙安率宗族及鄉人來歸時

太祖初編佐領以其眾令轄之隸滿洲鑲白旗尋卒薩魯繼其職崇德七年從圍明錦州擊敗松山騎兵進擊經略洪承疇三營兵復連敗之師還又擊卻敵兵來追者順治元年隨睿親王多爾袞入山海關破流賊李自成追敗之望都授騎都尉世職三年偕諸將追擊流賊連敗賀珍等於商州進攻西平縣先登克之以功兼七年九年三遇

恩詔晉世職一等輕車都尉族子曰吳鈕以軍校從征雲貴敗明將李成蛟又隨征南將軍卓布泰擊李定國於雙河口四戰皆勝復追擊於魯岡連敗之授雲騎尉

世職

邁思哈姓趙佳氏世居瑚布察隸滿洲鑲白旗崇德八年隨貝勒阿巴泰征明至山東攻齊東縣先登克之授雲騎尉順治七年九年三遇恩詔晉世職騎都尉兼一雲騎尉尋卒子覺和托襲康熙十三年隨貝勒董額征陜西叛鎮王輔臣至丁華嶺賊將率眾來拒力擊敗之進圍秦州賊兵自四川平涼來援城内賊出應之拒擊並敗去又數敗輔臣子王繼正等以功晉世職輕車都尉

瓦星阿姓富察氏世居訥殷隸滿洲鑲白旗崇德八

年隨貝勒阿巴泰征明至山東攻諸城縣繼貫爾布以雲梯登城克之授雲騎尉世職順治元年隨豫親王多鐸南追流賊戰於潼關巴圖魯鼐格身先陷陳瓦星阿怒馬越出其前賊潰明年移師江南攻常熟縣紅衣礮擊坍城垣奮身先登積功晉騎都尉世職七年九年三遇

恩詔晉世職二等輕車都尉十八年卒同旗曰吳興格曰阿布代吳興格姓伊爾根覺羅氏世居長白山崇德八年亦隨阿巴泰征明攻甯海州以雲梯繼祁塔特登城克之授雲騎尉世職順治七年九年三遇

恩詔晉世職輕車都尉十三年卒阿布代姓瓜爾佳氏世居
烏喇崇德八年隨阿巴泰征明攻昌邑縣繼達爾布
以雲梯登城克之授雲騎尉世職順治七年遇
恩詔晉世職騎都尉卒無子兄阿布賴襲九年兩遇
恩詔晉世職輕車都尉十一年隨甯海大將軍伊爾德征浙
江舟山有功晉世職二等
糾多姓胷布里氏世居烏喇隸滿洲鑲紅旗崇德閒
以功洊任前鋒參領順治元年隨睿親王多爾衮入
山海關破流賊李自成明年隨豫親王多鐸平淮安
有新昌王據易州借海塔擊敗其眾三年隨肅親王

豪格征四川敗賊於雞頭關又擊張獻忠敗之爲礮
所傷遂病發七年授雲騎尉世職九年再遇
恩詔晉世職騎都尉兼一雲騎尉十三年卒子鄂多和襲十
五年隨副都統噶褚哈征貴州十六年凱旋至江南
會鄭成功陷鎮江瓜州進犯江甯偕大軍擊之有功
晉世職輕車都尉同旗勒德姓納喇氏世居依巴丹
崇德八年從征明至山東攻臨清州下之授騎都尉
世職順治七年九年三遇
恩詔晉世職輕車都尉坐事後降爲雲騎尉
哈爾哈濟姓瓜爾佳氏世居烏喇隸滿洲鑲藍旗初

任王府二等侍衛崇德五年遷前鋒參領隨睿親王多爾袞征明圍錦州敵兵夜犯貝子羅託營偕衆往援大敗之授雲騎尉世職順治七年九年三遇
恩詔晉世職輕車都尉孫希思哈以功累官都統授雲騎尉世職剛阿達姓譚木查氏隸滿洲正藍旗亦居烏喇崇德三年隨貝勒杜度征明至廣平府攻臨洺關先登拔之授雲騎尉世職順治七年遇
恩詔晉世職騎都尉卒子宋鈕襲九年兩遇
恩詔晉世職輕車都尉
訥爾德姓科特氏世居葉赫隸蒙古正藍旗崇德六

年以佐領隨大兵圍明錦州率所部連敗敵兵八年

隨貝勒阿巴泰征明過燕京遇敵步騎五百於安肅

縣以所部敗之敵據三河立營要我去路偕諸將進

擊乃遁順治元年隨豫親王多鐸追討流賊至潼關

三戰皆捷尋隨貝勒博洛征浙江戰杭州嘉興再敗

敵衆授雲騎尉世職七年遇

恩詔晉世職騎都尉

吉林通志卷一百三

人物志三十二　國朝十七

賀布索　穆成格　海度

尼雅翰　納考　偏俄

布爾思海　科諾闊　羅察　布爾賽

安崇阿　屯達爾漢　阿哈泰　抄哈納　瓦古禮

覺和拓　諾莫渾

索博多　巴蘭　庫　鄂黑瑪　滿丕　巴錫

倪堪　干泰　薩音達禮　尚吉圖

阿哈里　翁愛　劉住　禪聘

福格泰　席喇巴　哈爾　顏珠虎巴　額僧特　都爾

胡里　郭和齊

鍾內岱　多克隊　伊騰　囊武　賈哈喇　穆善等

賀布索姓納喇氏世居葉赫隸滿洲鑲紅旗父和託與姓瓜爾佳氏董鄂氏及同氏居輝發者同名崇德三年從征明再敗敵兵進攻深州及博平縣並先登克之明年從平黑龍江積功授騎都尉世職任兵部理事官五年六年再從圍明錦州七年從征甯遠順治元年從入關並有功兼考滿累晉世職一等輕車都尉七年遇

恩詔兼一雲騎尉卒賀布索襲九年兩遇

恩詔晉至二等男爵任參領洊擢副都統康熙三年隨靖西將軍穆里瑪定西將軍圖海征流賊李來亨於湖廣賊據茅麓山率所部攻之戰甚力無何他賊自山後猝至殞焉

賜祭葬如例

卹贈晉男爵一等兼一雲騎尉族人穆成格隸滿洲正黃旗順治十五年隨信郡王多尼征明桂王戰荊州有功明年凱旋至江甯會鄭成功陷鎮江瓜州來犯隨副都統噶褚哈與江甯官兵禦之有功予雲騎尉世職海度姓舒書覺羅氏世居長白山隸滿洲鑲白旗順

治初任佐領十五年從征貴州凱旋會鄭成功陷鎮江瓜州徑圍江甯自長江下援同江南兵擊敗之康熙十三年從征逆藩耿精忠敗僞副將馬思等兵二千於浙江臨善村僞將軍馬九玉率衆五萬營九溪遷木山遣僞總兵桑明等以步騎二萬來犯隨大軍逆擊敗去尋連與賊戰皆勝九玉親率賊衆渡江來犯復隨大軍擊之北原口村九玉敗走又擊賊小門山鎮峰山太平山等處所至輒捷明年師進福建鄭成功將軍吳淑陳泉州江岸與戰敗之又敗賊兵二千於半山成功將劉國軒等以衆萬餘攻海澄往援

戰沒

卹贈騎都尉世職兼一雲騎尉子常生襲

尼雅漢姓富察氏世居訥殷隸滿洲鑲白旗初任前

鋒參領順治七年九年三遇

恩詔授騎都尉世職十一年隨靖南將軍珠瑪喇往廣東敗

明桂王將李定國兵於新會縣追至橫州江岸復敗

之以功兼一雲騎尉擢内務府總管授散秩大臣康

熙十年擢都統尋加太子少保十八年卒官同旗有

納考者同氏世居扎庫塔博爾屯亦以隨靖南將軍

珠瑪喇征廣東有功予雲騎尉世職

偏俄姓伊爾根覺羅氏世居葉赫隸滿洲鑲黃旗初任佐領管牧圉事順治二年以冏政克舉授騎都尉世職七年九年三遇

恩詔晉世職二等輕車都尉十一年復以督牧勤勞晉世職爲二等男爵累官內大臣加太子太傅

布爾思海姓赫舍里氏世居葉赫隸滿洲正紅旗父拜音達禮於

國初任佐領順治元年布爾思海隨睿親王多爾衮入山海關破流賊李自成以功予雲騎尉世職七年九年三遇

恩詔晉世職輕車都尉累官副都統遷兵部侍郎同旗科諾
闊姓覺察氏世居烏蘇里順治初從征陝西攻甘州
先登克其城
賜號巴圖魯授騎都尉世職七年九年三遇
恩詔晉世職輕車都尉
羅察姓佟佳氏世居嘉哈隸滿洲鑲白旗初任刑部
副理事官順治四年考滿予雲騎尉世職明年從征
湖廣擊流賊一隻虎於荆州敗之尋駐防江甯土賊
蹈無爲州同俄屯往攻所部先登克其城晉世職騎
都尉七年遇

恩詔所得世職准世襲罔替九年兩遇
恩詔晉世職輕車都尉同旗布爾賽姓富察氏世居扎庫塔
初任佐領順治九年兩遇
恩詔授騎都尉世職十一年隨貝勒屯齊征湖南擊流賊餘
黨孫可望兵於岔路口敗之十六年從征貴州凱旋
至江南會鄭成功陷鎮江瓜州犯江甯隨副都統噶
褚哈合江甯官兵擊敗之予雲騎尉世職
安崇阿姓瓜爾佳氏世居訥殷隸滿洲鑲黄旗順治
初隨貝勒博洛征福建攻汀州府先登克之
賜號巴圖魯授騎都尉世職七年九年三遇

恩詔晉世職輕車都尉黄海其長子也歷官副都統上駟院
大臣同旗曰屯達爾漢曰阿哈泰並葉赫人屯達爾
漢姓喀爾喇氏順治二年以軍校駐防江甯十一年
從征浙江舟山隨護軍統領乘船擊敵躍登其舟因
敗之予雲騎尉世職阿哈泰姓伊喇里氏順治五年
從征江西叛鎮金聲桓十五年從征貴州凱旋至江
南擊鄭成功圍江甯之衆並有功予雲騎尉世職卒
子保山襲以戰功晉世職騎都尉又沙哈納姓吴爾
古禪氏世居穆倫亦同旗順治十五年以署前鋒校
從征貴州敗明桂王將李成蛟及李定國兵予雲騎

尉世職康熙三年從征湖廣流寇李來亨於茅麓山亦有功

瓦古禮姓富察氏世居扎庫塔博爾屯隸滿洲鑲白旗順治元年隨睿親王多爾袞入山海關擊敗流賊李自成予雲騎尉世職七年九年三遇

恩詔晉世職騎都尉同旗拉薩禮姓格濟勒氏世居和通吉初任佐領順治元年亦隨睿親王入關擊敗流賊復隨都統覺羅巴哈納等征山西敗賊太原府進征陝西破賊延安府予雲騎尉世職卒子博壽襲七年九年三遇

恩詔晉世職騎都尉

覺和拓姓鈕胡魯氏世居扎庫穆隸滿洲正白旗順治三年以軍校從征湖廣擊流賊敗之五年從征江西叛鎮金聲桓隨都統富拉塔守江上賊自南昌以舟運糧過率護軍乘小船擊奪其舟九十聲桓率賊萬餘來戰隨護軍統領博和哩擊走之進攻九江府先登克其城授騎都尉世職七年九年三遇

恩詔晉世職輕車都尉

諾莫渾姓伊圖馬氏世居葉赫之科爾沁隸滿洲鑲黃旗順治閒從征山東土賊賊結寨以拒攻之未能

破衆退復偕一人進攻衆隨之遂克康熙十六年隨
前鋒統領哈克山征逆藩吴三桂至湖廣擊賊永興
縣哈克山戰沒馳入賊陳奪其尸以出既出復入殺
賊過當賊羣趨之亦沒於陳
䘏贈雲騎尉世職子卓爾博圖襲
索博多姓富察氏世居東海之愛滿隸滿洲正白旗
父色木忒赫於
國初來歸授佐領卒索博多襲管其事順治初數從征
伐以功予雲騎尉世職七年九年三遇
恩詔晉世職騎都尉尋隨將軍巴三征江南戰崑山擒敵將

一調駐瓜州十六年鄭成功統衆來犯力戰没於陣

卹贈兼一雲騎尉巴蘭亦姓富察氏世居蘇完隸滿洲正白旗順治十六年以前鋒校從征福建乘戰艦攻廈門力戰殞焉

卹贈雲騎尉世職同時戰没者有鄂黑瑪庫姓瓜爾佳氏世居烏喇隨安南將軍内大臣達索至福建戰廈門尤力

卹贈雲騎尉世職所隸未詳

滿丕姓覺羅氏世居葉赫隸滿洲正黃旗初任佐領順治六年隨巽親王滿達海討山西叛鎮姜瓖至太

原府賊將以兵二萬圍沁源縣偕羅碩瓜喇援擊敗
之十七年從征福建鄭成功自統兵十餘萬犯洪義
壩率所部與大軍合擊成功走師進海澄中礮殞
卹贈雲騎尉世職從弟吳納純襲同旗巴錫姓富察氏世居
訥殷父阿爾納任工部員外郎順治間以造宮殿成
予雲騎尉世職尋卒巴錫襲康熙十五年從征逆藩
吳三桂至江西明年與賊將韓大任等戰吉安府縣
子山被創旋沒
卹贈雲騎尉世職子佟保襲
倪堪姓張佳氏世居瓜爾察隸滿洲正白旗初以雲

騎尉世職任參領順治十二年從征貴州與明魯王將李定國戰魯鳴被創旋沒

賞銀七百兩先是有千泰者姓瓜爾佳氏世居虎爾哈與同旗順治二年隨前鋒統領鼇拜追流賊先登被重創明年隨平南大將軍勒克德渾征湖廣降荆州流賊千餘五年隨英親王阿濟格討山東土賊戰曹縣殞焉

卹贈雲騎尉世職

薩音達禮姓額陀氏世居長白山隸滿洲正紅旗順治十七年以佐領從征俄羅斯敵以舟師據烏喇崖

偕佐領馬喇往擊被圍手殺十數人沒於陳

卹贈雲騎尉世職子席錦泰襲同旗尙吉圖姓納喇氏世居

尼馬察順治十五年從征雲南同大軍擊明將李成

蛟於涼水井敗之又擊李定國於磨嘈敗其衆萬餘

尋偕護軍參領查令阿與戰復勝十八年從征山東

土寇賊夜刦我營倉卒戰沒

卹贈雲騎尉世職弟沙欣襲

阿哈里姓索綽羅氏世居烏喇隸滿洲鑲白旗順治

十八年以軍校從征山東土賊其渠段秉瑚以五百

餘人據山立寨仰擊敗之進至大寨巖賊衆千餘逆

戰復敗去鋸齒牙山巖險甚往視巖後遇賊四百進擊勝之康熙十五年從征陜西至顯義關敗僞總兵高定蔡元進圍秦州復敗其城内出拒者賊黨自四川來援城賊與合力戰沒於陳

卹贈雲騎尉世職子阿爾賽襲同旗翁愛姓吳爾達氏亦居烏喇順治十五年以軍校從征雲貴兩敗明魯王將李定國軍康熙三年從征流寇李來亨於湖廣茅麓山連戰皆勝其黨自宜都縣來援復敗之進戰彝陵陳沒

卹贈雲騎尉世職子卓色襲又軍校劉住姓富察氏世居蜚

悠城亦同旗順治十六年從征福建鄭成功列戰艦
六百餘艘於浦澄圉以拒隨大軍擊敗之轉戰至廈
門沒於陳

卹贈雲騎尉世職弟春拜襲

禪聘姓瓜爾佳氏世居烏喇隸滿洲正藍旗順治十
七年以署護軍校隨定西將軍愛星阿平雲南入緬
甸護明桂王康熙十三年從征逆藩吳三桂至江西
連敗僞左總兵等於袁州及四都十五年僞將軍夏
國相李艮棟等據萍鄉縣東來龍山掘濠立寨隨安
親王岳樂攻破之又敗僞總兵陳夏劉心求等於平

江縣十七年隨貝子章泰進湖廣擊敗僞將軍吳國
貴於武岡州二十年三路大軍會雲南平逆孽吳世
璠與有功累授騎都尉世職
福格姓鈕祜祿氏即所居地也隸滿洲正藍旗順治
五年姜瓖反大同所在多陷以軍校從攻汾州府破
之予雲騎尉世職七年九年三遇
恩詔晉世職騎都尉兼一雲騎尉累官副都統同旗席喇巴
姓顏扎氏世居法庫順治十五年以佐領從征貴州
凱旋會鄭成功陷鎮江瓜州進攻江甯列舟江上隨
副都統噶褚哈擊敗之尋合江甯官軍與連戰皆勝

予雲騎尉世職卒子七十三襲哈爾泰姓納喇氏世
居輝發亦同旗順治十六年從征雲南攻克沅江府
城有功賞銀五十兩康熙十四年從征逆藩吳三桂
先後得功牌三十六又從征巴顏布喇昭莫多等處
予雲騎尉世職歷官護軍參領
顏珠虎姓納喇氏世居葉赫隸滿洲正黄旗順治十
五年以軍校從征雲南明桂王將李定國結寨以拒
隨大軍破之所射殪甚多又戰涼水井雙河口魯噶
等處皆勝予雲騎尉世職康熙十三年從征逆藩吳
三桂戰彝陵被創進岳州及宜都縣連敗賊兵二十

一年創發卒子滿泰襲同旗領催特姓瓜爾佳氏世
居輝發順治間數從征討以功予雲騎尉世職旋亦
創發卒子張構襲又都爾巴姓完顏氏即所居地父
英格於
國初來歸授世管佐領順治間卒都爾巴嗣管其事以
戰功累授二等輕車都尉世職亦同旗也
胡里姓他塔拉氏世居扎庫穆隸滿洲鑲白旗初任
佐領順治十五年隨信郡王多尼征貴州破明桂王
將李成蛟於涼水井進渡瀘江至雲南磨盤山李定
國設重兵以待隨前鋒統領白爾赫圖等力擊敗之

又追敗之魯岡康熙十四年從征逆藩耿精忠至江西與僞都督范超明戰艾口顏子明戰南康皆勝十六年移師廣東隨鎮南將軍莽依圖擊逆藩吳三桂僞將軍馬寶於韶敗之又敗僞總兵姜熊於樹梓墟進攻廣西僞將軍吳世琮以步騎迎戰敗去又於陶屯敗僞將軍范齊韓兵二十年隨征南大將軍賚塔進平雲南積功授騎都尉世職

郭和齊姓舒穆魯氏世居烏拉隸滿洲正白旗順治十五年隨信郡王多尼征明桂王於貴州敗其將李成蛟於涼水井又敗李定國兵於雙河口磨盤山等

處子雲騎尉世職

鍾內姓文都氏世居訥殷隸滿洲鑲白旗父郎格於
國初來歸任佐領卒鍾內嗣管其事順治十五年隨信
郡王多尼征明桂王於貴州戰十萬崎山破其總兵
羅大順凱旋至江甯值鄭成功陷鎭江瓜州來犯隨
副都統噶褚哈會江甯官兵擊敗之積功授騎都尉
世職康熙十三年卒從孫那爾泰襲同旗多克隊囊
武岱並烏喇人多克隊姓克勒德氏順治十五年以
軍校隨甯南靖寇大將軍宗室羅託征明桂王於貴
州師次靖州其總兵田國欽黃世貴約降阻於其黨

不果隨前鋒統領鄂內往迎之擊敗其黨二千餘進
至雲南連敗其將李成蛟李定國兵於涼水井雙河
口予雲騎尉世職囊武岱姓索綽羅氏順治六年隨
鄭親王濟爾哈朗征湖廣破流賊於衡州直抵全州
十五年從征貴州凱旋至江南會鄭成功陷鎮江瓜
州犯江甯隨副都統噶褚哈合江甯官兵擊敗之予
雲騎尉世職又伊騰者姓燕濟氏世居葉赫亦同旗
順治十一年以軍校隨甯海大將軍伊爾德征浙江
舟山有功十五年隨信郡王多尼征雲南闓沅江府
敵衆千餘來犯我藎國逆擊之卻走旣又連破其衆

子雲騎尉世職
賈哈喇姓富察氏世居訥殷隸滿洲鑲黄旗初任副佐領順治十五年從征明桂王於貴州軍次靖州其總兵田國欽黄世貴等請降爲其黨所阻隨前鋒統領鄂内率兵擊潰阻者遂受其降明年凱旋至江南適鄭成功陷鎮江瓜州犯江甯隨副都統噶褚哈會江甯官兵擊敗之予雲騎尉世職康熙八年卒子桑格襲以戰功晉世職騎都尉同旗穆善姓納喇氏世居烏喇順治十七年以侍衛隨定西將軍愛星阿平雲南入緬甸獲明桂王康熙十四年從征陜西叛鎮

王輔臣逆藩吳三桂僞將軍王屏藩以三萬衆營漢中西長寨尋渡江躡我後隨大軍擊敗之追敗之漢中西猴子嶺擊僞將軍劉慶戎又勝師入四川僞將軍譚洪率步騎來犯時爲軍鋒力擊卻去至尙陽關隨大軍轉戰鍾家營益門鎮等處五接皆勝予雲騎尉世職而日色赫曰杜喇隸滿洲鑲白旗並以戰功兼遇

恩詔授一等輕車都尉世職滿洲正黃旗胡錫布與同旗杭舒亦以戰功遇

恩詔授輕車都尉世職又參領薩哈連佐領雅賴及吳爾佳

齊亦同旗以戰功授騎都尉世職佐領秦達祜以戰功兼遇
恩詔授騎都尉世職兼一雲騎尉則隸滿洲鑲黃旗同旗鄂內以戰功授一等騎都尉世職慕成格亦以功授騎都尉世職並官參領星額禮以戰功兼遇
恩詔授騎都尉世職而滿洲正紅旗佐領阿哈瞻正藍旗佐領巴爾柱及鑲紅旗白亨特並以戰功遇
恩詔授騎都尉世職其以功予雲騎尉世職者正黃旗則佐領銜艾褚正白旗則依里布及蘇通阿鑲黃旗則日孟俄岱日塔納爾岱鑲白旗則佐領生保及占代與

齊蘭布正藍旗則曰阿布善曰温達禮曰闊納曰伊拉奇鑲紅旗則準布祿鑲藍旗則曰胡西納曰胡佳曰布祿曰常隆曰英福並隸滿洲而與色赫以下皆籍吉林者也又籍吉林隸陳滿洲者正藍旗則花翎記名副都統協領格魯德爾鑲藍旗則花翎佐領尼新泰並以戰功授騎都尉世職而尼新泰兼一雲騎尉云